如见古人

寻找失落的文明

良渚古城考古记

刘斌 著

浙江古籍出版社

图书在版编目（CIP）数据

寻找失落的文明：良渚古城考古记 / 刘斌著 . --
杭州：浙江古籍出版社，2022.7
ISBN 978-7-5540-2303-7

Ⅰ . ①寻… Ⅱ . ①刘… Ⅲ . ①良渚文化－古城遗址（
考古）－研究 Ⅳ . ① K878.34

中国版本图书馆 CIP 数据核字 (2022) 第 105523 号

寻找失落的文明：良渚古城考古记

刘　斌　著

出版发行	浙江古籍出版社	
	（杭州体育场路 347 号　电话：0571-85068292）	
网　　址	https://zjgj.zjcbcm.com	
责任编辑	黄玉洁	
责任校对	张顺洁	
责任印务	楼浩凯	
照　　排	杭州立飞图文制作有限公司	
印　　刷	浙江海虹彩色印务有限公司	
开　　本	880mm×1230mm　1/32	
印　　张	9.125	
字　　数	200 千字	
版　　次	2022 年 7 月第 1 版	
印　　次	2022 年 7 月第 1 次印刷	
书　　号	ISBN 978-7-5540-2303-7	
定　　价	68.00 元	

序言

　　良渚文化，从 1936 年施昕更发掘良渚镇所在的棋盘坟等遗址，并于 1938 年出版大型考古报告《良渚》开始，就受到学术界的普遍关注。梁思永先生首先把以黑陶为特征的良渚遗存划归龙山文化的杭州湾区。20 世纪 50 年代，随着江浙沪一系列相关遗址的发现，证明良渚遗存明显有别于山东龙山文化。夏鼐先生遂于 1959 年首先将其命名为良渚文化。此后在杭州湾和太湖流域陆续发现了许多良渚文化遗址。其中江苏吴县（今属苏州）草鞋山和张陵山等地更发现了玉琮、玉璧等重器，说明良渚文化已经进入了中国特有的玉器时代。更大的突破发生在 1986 年。首先在浙江余杭长命乡西北一处人工堆筑的土山即反山上发现了良渚文化贵族的大墓，其中的第 12 号大墓出土了大量精美的玉器和多件漆器，包括重达 6500 克被称为玉琮王的特大型玉琮。更加重要的是在其四面各刻划了两个神人兽面纹，线条之精细与表情之神秘莫不令人叹为观止。这座大墓也是迄今发现的良渚文化中最高等级的大墓，因而被称为良渚王之墓。本书作者刘斌正是这座大墓的发掘者。由于他特别精细的清理工作，才使我们能够一睹这位良渚王的尊容。1987年浙江省文物考古研究所又在余杭安溪乡的瑶山发现了良渚文化的祭坛以及埋葬于祭坛上的12座良渚文化大墓。

如此高规格的墓地，应该有相应的王城和宫殿。1987年因扩建104国道而发现了大观山果园的高台原来是人工堆筑的。1992年浙江省文物考古研究所在大观山果园上的大莫角山南侧进行发掘，发现了高规格的宫殿基址，因此，将这里命名为莫角山遗址。并认为这座面积约30多万平方米、相对高度约10多米的高台，应该是良渚贵族所居住的台城。

鉴于良渚遗址特别重要，1996年被列为国家级文物保护单位。1994年浙江省文物考古研究所成立了良渚工作站，通过拉网式的勘探调查，到90年代末，在良渚镇到瓶窑镇一带共发现良渚遗址100多处。1999年刘斌担任浙江省文物考古研究所第一研究室主任兼良渚工作站站长。2002年浙江省政府聘请我及12位专家担任良渚遗址咨询委员会委员，在良渚遗址总体保护规划会上，刘斌提出了以莫角山为中心到南北两山是等距离的一个完整地理单元的认识，得到了与会专家们的肯定，从而将良渚遗址的保护范围从 33.8 平方公里扩大到了 44 平方公里，由此保障了良渚遗址及周边环境的完整性。

刘斌的考古工作极为精细，同时又不忘对整体遗址群的全面考察，把宏观和微观巧妙地结合起来。2006 年因居民房屋拆迁安置而发现了葡萄畈遗址石块垫底的黄土堤，这引起了刘斌的思考与关注，随即于 2007 年跟踪调查勘探，最终发现了 300 万平方米的良渚古城。2007 年 11 月 29 日，我在当天的新闻发布会上说，良渚古城的发现，改变了良渚文化文明曙光初露的原有认识，标志着良渚文化时期已经进入了成熟的史前文明发展阶段。这是继 20 世纪殷墟发现之后中国考古界的又一重大发现，将极大地推动中国文明史研究的进程和考古学发展。考虑古城不可能孤立存在，周围一定有相关的配套设施，就像乡镇一样不同等级的聚落。因此，刘斌他们发现良渚古城之后，一方面对城内外进行细致的调查发掘，另一方面又进行大范围铺网式的调查，不但新发现了上百处遗址，对良渚古城的内外遗址功能布局也有了全面认识，更加令人震撼的是超大型水利工程的发现。

另外，浙江省文物考古研究所还在临平茅山遗址发现了大面积的水稻田，及由 6 个环壕组成的玉架山环壕聚落。大型水稻田的发现和玉架山环壕聚落的发现是我们认识良渚高度发达的文明社会的基础，在玉架山考古现场论证会上，当我看到每个环壕内的墓葬从良渚早期到晚期都有，这是持续 1000 年的一个景象，这反映了中国古代超稳定的血缘家族社会。近几年又在德清雷甸镇发现了大规模的玉器作坊群，反映了良渚古城周边的专门化生产方式。至此一个东方古国的雄伟面貌便呈现在世人面前。在2016年召开的纪念良渚文化发现80周年的大会上，我响亮地提出"良渚古国，文明奇葩"。至此良渚已经具备世界级遗产的条件。2019年7月6日，在阿塞拜疆巴库召开的世界遗产评审大会上，良渚古城遗址理所当然地被评为世界文化遗产。刘斌兴奋地写了一首诗《今夜我在巴库》，令人十分感动。

考古是一门科学，又是一种艺术。刘斌巧妙地把二者结合起来。读他的书既能获得新知，又能够获得精神上的享受。特此推荐！

严文明

2021年12月20日

我的良渚考古之路

1981 年，我从西安市第二十七中学考入吉林大学历史系考古专业，从而开启了我的考古之路。能遇到好老师是人生的幸运。二十七中学就有许多好老师，我的数学老师任克强（方磊）不仅数学教得好，他还是西安著名的书法家和篆刻家。我的班主任李忠信老师，毕业于北京大学法律系，后因被错划为右派而被下放至西安二十七中学。由于他喜爱考古，所以经常带我们班去博物馆参观，陕西省历史博物馆碑林和西安半坡遗址博物馆，我在上中学时就去过好多次。秦始皇兵马俑刚刚发现时，李老师就带领全班去参观过。也许就此埋下了考古的种子，所以填写高考志愿时，我选择了考古专业。

当时吉林大学考古专业在历史系，张忠培先生是我们的系主任，林沄先生做了我们的班主任。后来才慢慢知道，他们原来是那么有名的教授。旧石器课程聘请了中国科学院古脊椎动物与古人类研究所的张森水先生为我们讲授。这些老师不仅传授了我们专业知识和技能，也成为我们日后做人做事的楷模。

吉林大学具有特别务实的校风，注重田野教学，尤其年轻一辈的老师们，不仅学术功底扎实，而且个个豪侠仗义，气宇非凡。带过我们班的年轻老师有陈雍、许伟、张文军、陈全家、陈国庆、朱泓、杨建华、卜工、许永杰、滕铭予、朱永刚、李伊萍等。他们不仅仅是老师，也如同长兄与家姐。正是这些师长的教诲与熏陶，才养成了吉林大学考古人的风格。尤其是经过长时间的田野实习，当年在艰苦的乡村一起劳动、一起生活、同甘共苦，不仅学习了知识，磨练了意志，也增进了师生间、同学间的亲情、友情。我们班田野实习在河北蔚县的三关遗址。带队的老师主要有张文军、陈雍、朱泓、朱永刚等。毕业实习张忠培先生要求以整理撰写考古报告为主。我们分成不同的小组，到不同的省份去实习。我和刘学堂、田亚岐三个人一组，由许永杰和李伊萍老师带领到青海省文物考古研究所实习，整理民和核桃庄遗址辛店文化墓地的材料，并到大通黄家寨遗址发掘。一个学期的共同生活与手把手的传授教育，我们都把带毕业实习的老师们称为亲老师。

1985 年还是全国统一分配，那年浙江省文物考古研究所有个名额，但我们班没有南方的同学，最后决定从陕西的四个同学里面选一个，从此我的命运就与江南连在了一起。我是吉林大学考古专业当时分到最南边的学生。从来没有来过南方的我，怀着好奇与期待的心情，想象着江南的样子，也暗下决心不能给学校和先生们丢人。于是毕业前我专门去请教张忠培先生，问先生我到了浙江工作努力的方向是什么。今天还清楚地记得张先生说，长江下游是个独立的区域，文化面貌单纯，做考古是块好地方，可以很快地熟悉入门，并鼓励我要好好干。还说浙江的牟永抗先生等都是有学识的考古学家，要好好向他们学习。

1985 年 8 月，我第一次踏上江南的土地，来到向往已久的杭州西子湖畔。当时的浙江省文物考古研究所就在距离断桥不远的环城西路上，地理位置很好，但办公条件不太好，一座两层的简易旧式楼房，就是考古所的办公楼。省文物局在同一个院子里的另一座小楼里。史前考古室加上我总共只有 5 个人，挤在二楼西边的一间办公室里。室主任是牟永抗先生，另外有王明达、杨楠、芮国耀。虽然条件艰苦点，但对于新来的我来说，增加了不少与大家接触学习的机会。牟永抗先生与王明达先生是长辈，杨楠、芮国耀与我年龄相仿，5 个人可谓是其乐融融。

在距离杭州西北约 30 公里的余杭瓶窑镇边上，有个属于我们研究所的工作站——吴家埠工作站，这里存放着自建所以来浙北地区从新石器时代到商周时期的文物标本。工作不久，王明达先生就带我来到工作站，为我详细讲解了马家浜文化、崧泽文化、良渚文化以及商周时期陶器的特点，使我得以在最短的时间内熟悉本地的文化面貌，至今想起来仍是十分感谢。从那以后，我很多时间也都是住在吴家埠工作站。

我到浙江参加发掘的第一个遗址是绍兴的马鞍仙人山遗址，这是一处从良渚文化到钱山漾文化时期的遗址，发掘由王明达先生主持。通过这次发掘，我第一次接触到了良渚文化的遗物，体验南方野外发掘与北方的不同；深入地道的江南乡村，感受南北文化的差异。对于我来说还要尽快适应南方的气候与生活，听懂浙江方言，一切都是新鲜的，也是艰苦的。

1986年春，在发掘反山遗址之前，我和杨楠去海宁谈桥三官墩遗址发掘了40多天，这是一处良渚文化人工堆筑的台地，除了生活堆积外，还出土了5座良渚文化的小墓。这是我在江南度过的第一个春天，40多天的野外发掘，下了整整20天雨，为了赶时间，我们常常雨一停下来，就去探方里排水。湿冷泥泞是我对在南方度过的第一个春天最深刻的感受。

1986年是良渚遗址发现五十周年，江浙沪三家商量在杭州召开一个纪念五十周年的学术研讨会。上海和江苏都陆续发现了良渚文化的高等级大墓，而良渚文化的发现地浙江却一直是空白。为此我们确实有些着急，寻找良渚文化高等级大墓，成为我们梦寐以求的事。

除了积极筹备反山的发掘，我们还着手整理20世纪70年代以来在浙北地区发现的80余座良渚文化的小墓资料，以便开会的时候请代表们参观。为了工作能齐头并进，王明达老师和杨楠先在工地发掘。牟永抗先生带领我和芮国耀在吴家埠整理资料，我们约定一旦发现良渚文化墓葬，则整理工作立刻停止，大家一起投入发掘。好在吴家埠与反山相距不远，大家可以时常相互切磋。

在整理资料的同时，牟永抗先生还给我了另外两项任务：一是把从马家浜文化一直到春秋战国的陶器按时代排列摆放到文物架上，以供大家开会时观摩；二是在他的指导下撰写《良渚文化发现50周年回顾与展望》的论文。牟先生给我讲了许多他的观点，以及必须要读的文章。这两项任务给了我快速成长的机会，使我从实物资料到文献理论，得以在短时期内全面熟悉起来，这对我日后的成长有着很大的帮助。我也很快体会到了张忠培先生所说的，长江下游地区文化相对独立与完整的发展序列。从学校到工作岗位，一路得到先生们的提携与教诲，如今想来常常感到幸运，并充满感恩。

反山的第一座良渚大墓——反山12号墓发现后，我和牟永抗先生及芮国耀停下吴家埠的整理工作，一同投入到野外发掘之中。我有幸参加了12号、15号、18号、20号和22号墓葬的发掘工作，尤其12号墓的玉琮王、玉钺王,22号墓的龙首纹玉牌、玉鱼等的出土情景，至今想起来仍然历历在目。

1987年我又参加了瑶山遗址的发掘，牟永抗先生特意把最中心的7号墓和11号墓让我发掘。通过这些重要发掘的锻炼与师长们的帮助，我的野外发掘水平和管理工地的能力得到了快速的成长。

1987年，穿过大观山果园的104国道要加宽取直，在果园的东南角发现了红烧土堆积。于是考古所派胡继根老师进行抢救性发掘，挖下去十几米深都是人工堆筑的，在靠近地表的层位还发现了一座良渚文化的小墓。于是可以断定大观山果园如此巨大的土山原来在很大程度上是人工堆筑的。这让我们自然推测这里应该是反山贵族们生活的地方。经过与公路部门的交涉，最终他们选择了改道。这才有了后来的新104国道。考古发掘也因此失去了扩大的机会。

1988年秋，牟永抗先生派我去海宁铁路沿线调查。我在海宁博物馆看到一件刚刚从周王庙镇出土的玉璧，于是当天下午就和海宁博物馆的人员一起来到现场：周王庙一处叫荷叶地的高地。当地砖瓦厂正在取土，从现场看这无疑是一处良渚遗址，于是我第二天就回到所里，迅速组队进行抢救性发掘，王明达老师担任领队，由我实际主持了这次发掘，这是我第一次独立承担发掘任务。荷叶地遗址第一次发现了良渚文化中等级的墓地，也第一次在海宁出土了玉琮、玉璧等玉礼器。

1988年冬，我主持发掘了余杭安溪镇的卢村遗址，并调查发现了附近的姚家墩、葛家村、金村、王家庄等遗址，开始从聚落形态上考虑它们之间的布局关系。

1989年，我主持了余杭良渚镇庙前遗址的发掘，在这里第一次发现了良渚文化的河道以及垫板立柱的良渚文化房屋遗迹。对于良渚一带的遗址分布与堆积特点，有了越来越多的认识。

1990年，在西去反山仅2公里的余杭瓶窑镇汇观山上，又发现了一座与瑶山相类似的祭坛，1991年正式进行了发掘。汇观山的发掘由王明达老师担任领队，由我实际主持，参加发掘的还有蒋卫东、费国平等人。通过汇观山的发掘，我对祭坛的形制有了进一步的认识。但是祭坛的设计与使用之谜，一直是我心中的困扰。考古就是在这样不断的探索中前进着，一个问题解决了，又会出现更多的新的问题。

1992年夏天，位于大观山果园中心的长命印刷厂准备扩建厂区，王明达老师派我去进行试掘，我在厂区的边上挖了一条2米×10米的探沟，结果在30厘米下面就发现了良渚的泥沙混筑层，里面有小块的良渚文化陶片，因此可以断定是良渚人堆筑的，以前就有当地农民在附近挖沙建房，这次第一次证实这里原本是良渚人堆筑的。试掘之后，发掘工作交由杨楠主持，对长命印刷厂厂区做了大面积的发掘。通过发掘，认识到大观山果园中心位置是由一层沙一层泥夯筑起来的超大型台基。1987年发掘的东南角应该是边缘，整个高地的面积30多万平方米，相对高度约10米，在高地上面还有3个独立的土台，分别叫做大莫角山、小莫角山和乌龟山。规模如此宏大的建筑遗址以及与反山、瑶山大量精美玉器的联系，反映了这里应是良渚文化的中心所在。发掘后这里被正式命名为莫角山遗址。

1993年，我主持发掘了余杭安溪镇梅园里遗址，在这里不仅发现了良渚文化的墓地，还发现了马家浜文化的堆积和墓葬。

1995年，我参加了由浙江省文物考古研究所、北京大学与日本学者合作的浙江桐乡普安桥遗址的发掘。普安桥遗址是崧泽文化和良渚文化时期的居住址和墓地，该遗址的发掘为认识从崧泽文化晚期向良渚文化过渡阶段，居住址与墓地之间的转化演变过程提供了详实的资料，通过三方的合作磨合，在野外发掘与记录等方面也有了新的突破与进展。普安桥发掘过程中，还发现了反山、瑶山等出土的龙首纹的雏形——圆雕玉龙首。

1996年，我主持发掘了浙江嘉兴南河浜遗址，在南河浜遗址第一次发现了崧泽文化的祭台，以及从马家浜文化晚期到良渚文化早期的连续堆积与遗址变迁过程。通过对南河浜遗址的整理研究，建立了崧泽文化的器物演变序列，我也真正认识了从崧泽文化到良渚文化的发展规律。

1996年，国务院批准良渚遗址（群）为全国重点文物保护单位，划定了东起良渚镇，西到瓶窑镇，北到天目山支脉的山边，南到良渚港的33.8平方公里的保护范围。从此良渚遗址开始走向更加有效的保护和管理时期。

1996—1998年，浙江省文物考古研究所良渚工作站组织对良渚遗址群进行了拉网式的详细调查，在40多平方公里的范围里又发现了许多新的遗址，将原来的 50 多处遗址点增加到了 100 余处。

1999 年，我开始担任浙江省文物考古研究所考古一室主任及良渚工作站站长。2002 年 9 月，浙江省政府成立了良渚遗址保护专家咨询委员会，聘请张忠培、严文明等 12 位著名考古、规划方面的专家为咨询委员（图 1）。由国家文物局指定，余杭区政府委托中国建筑设计研究院历史建筑研究所制订《良渚遗址保护总体规划》。为配合专家咨询委员会会议的召开，为《良渚遗址保护总体规划》的制订提供考古依据，我们组织对良渚遗址进行了进一步调查，又新发现了一些遗址，使遗址群内的遗址点增加到了 135 处。

图 1　左起：黄景略、严文明、张忠培、徐苹芳、李伯谦、刘斌

在调查过程中我发现，如果以莫角山遗址作为良渚遗址群的一个中心来看待的话，那么莫角山距离南北两山几乎是等距的，反思我们以前之所以将保护区的北界划定到天目山支脉的山边，而将南界定在莫角山南侧的良渚港，主要是因为我们的眼界局限于我们已经发现的遗址，而并没有站在山川水势的自然地理单元的角度考虑问题。相对于河流来说，山是更为明确和可以把握的参照系。而且古人也必定以周边的山作为其选择居住地的一个依托，山是其生活的一部分，因此遗址附近的山也应该是遗址环境的有机组成部分。基于这样的认识，在会议上我正式提出了关于良渚遗址保护范围南界的问题，认为良渚遗址的保护范围应该以莫角山为中心向南扩展到大观山的山脚，这样就形成了一个以南北两山脉为界的自然地理单元，这一完整地理单元的提出，得到了咨询专家们的肯定。因此新的保护规划将良渚遗址保护区的范围由原来界定的 33.8 平方公里，扩展到了 40 多平方公里；建设控制地带划到了南北两山的山脊线。总体保护规划的制定，为遗址保护提供了法律依据。作为《良渚遗址保护总体规划》的一个组成部分，我们也制定了《良渚遗址五年考古工作规划与长期目标》，认真梳理了历年来的考古工作成果，针对存在的问题，提出了近期规划与远期目标，从而使良渚遗址的考古工作，开始走向了有计划、有目标的有序发展阶段。

正是有了前面 20 多年的考古经历与思考，有了对良渚这片土地的熟悉，我才会在 2006 年瓶窑葡萄畈遗址的发掘中产生学术的敏感与追寻，才会在 2007 年的钻探调查中找到掩埋了 4000 多年的良渚古城的踪迹。从良渚人的生活居址到良渚人的墓地，从反山良渚王陵到良渚古城，我就是这样一步步地走进良渚人的世界，走进 5000 年的良渚王国。回望 5000 年，这是我与良渚的缘分，也是使命。

2019 年 7 月 6 日，良渚古城申遗成功的那一天，我在阿塞拜疆写下了这首诗：

今夜我在巴库

傍晚

你站在良渚王国的圣殿上

夕阳穿过百丈岭的上方

神鸟在天空上留下飞翔的轨迹

彩云如同镶了金边的衣裳

此刻

我站在阿塞拜疆的圣殿上

正午的阳光照耀着这洁白的礼堂

良渚之名正在被全世界颂扬

相同的时刻不一样的时光

是你　穿越了五千年光阴

还是我　走过了几万里山河

良渚　阿塞拜疆

今夜我们在巴库

相会在里海的岸边

重温丝绸之路上的友情

划过脸上的风

如丝绸般的柔软

带来东方远古的文明

里海的夜

像宝石一样的宁静

守着阿拉伯古老的传说

今夜因为你　而注定永恒

良渚　阿塞拜疆

刘斌

目 录

CONTENTS

1

良渚的由来

良渚古城作为太湖流域良渚文化这个族群之都
的选择——隐于山野，兼及天下。

良渚的地理位置

距今约 12000 年，距离我们最近的一次冰期结束了，地球逐渐转暖，人类走出山洞，走向平原，他们沿着河流繁衍发展，不断汇聚与壮大，最终在距今 5000 年左右，开始进入国家文明。黄河与长江是中国的母亲河，她们共同塑造了丰富多彩的中华文明。良渚文化正是长江下游以太湖流域为核心的中国古国时期的一个神秘王国。

太湖（图 1-1），古称震泽，面积约 2400 平方公里，为中国第三大淡水湖。流经良渚的东苕溪是太湖的主要水源。太湖是我见过的中国江南最美丽的地方，尤其在春雾弥漫的季节，缥缈梦幻，如同仙境。临湖极目，浩渺无际，有海之辽阔，而更多一分平静与舒缓。宋代赵孟頫在《吴兴赋》中曾描写道"渺渺溔溔，以天为堤"，可谓道出太湖之气韵。湖中有岛屿数十个，号称四十八岛，七十二峰，春天漫山遍野的梅花开放，远望如一片片彩云，风起时香雪满天，令人陶醉。

太湖流域总面积约3.65万平方公里，气候温和湿润，水网稠密，土壤肥沃，是中国重要的水稻产地和桑蚕基地，自古以来就是闻名遐迩的鱼米之乡。太湖水产丰富，盛产鱼虾，素有"太湖八百里，鱼虾捉不尽"的说法。太湖特有的白鱼、白虾和银鱼，更是号称"太湖三宝"。在生物的进化中能够孕化出如此透明纯洁的鱼虾，可以想见在那远古时期，这里该是多么神奇的一汪清水！

太湖的主要水源地出自浙江天目山脉，沿着东苕溪逆流而上约60公里，即可到达杭州西北约20余公里的余杭瓶窑镇，2007年发现的良渚古城遗址就位于瓶窑镇的东面，城墙的西北角就被压在苕溪大堤的下面。

从瓶窑镇往东约8公里是余杭的良渚镇。1936年，西湖博物馆的施昕更先生就是在这里调查发现了棋盘坟、横圩里、茅庵前等史前遗址。

瓶窑镇在南宋时称为亭市，以烧造一种酱釉的陶瓶而著名，传说这种陶瓶被南宋名将韩世忠的军队用作军用水壶或者酒瓶，俗称韩瓶。如今在瓶窑镇中学的后山上还可以看到大量的窑址堆积。

出自天目山脉的东苕溪从镇上流过，瓶窑镇正是因溪而兴的一座古镇。东苕溪的上游有上千平方公里的山地，南苕溪、中苕溪和北苕溪三条主要支流在镇前汇聚，这里是山区与平原的交汇之处，物流集散之地，所以自古繁华。也是由于这种地理形势的缘故，每到雨季，大雨三天，则山洪涌下，溪满成灾。这段苕溪的大堤位于杭州的西部，位置险要，是保卫杭州的屏障，因此被称为西险大塘。

在距今5300年左右的时候，太湖流域的崧泽文化发展为良渚文化。此时社会的等级更加突出，文化的面貌表现出高度一致的现象，出现了掌握神权和王权的贵族阶层，在太湖流域产生了人们共同信仰的统一神灵，创造了一整套标志权力身份和祭祀神灵的玉礼器系统。

从墓葬的随葬品制度的规范化，我们可以看到其社会管理的秩序与效率。随着生产力的提高，社会组织能力的加强，以及以水稻为主的农业经济的发展，良渚文化的人口得到了迅速的增长，人们开始向沼泽平原进发，开垦土地，种植水稻。因此，良渚文化的遗址与之前的崧泽文化相比较,出现了成数十倍增长的现象。人们不再是依山傍水的简单生活,在湿地的边缘,良渚人堆筑起了许多人工台地,大规模地规划营建村寨聚落,开始了人类大规模改造自然的历史。

作为整个太湖流域良渚文化这个族群的都城,良渚古城为什么会选择在这个看上去地理偏狭的半封闭之地呢?

从比较大的地理环境看,良渚遗址所处的是一个南北20多公里、东西40多公里、面积约1000平方公里范围的"C"字形盆地。它的南面、西面、北面以及东南面都被天目山的支脉所包围。在盆地的西北部平原上还矗立着以大雄山为主的一组群山,并散落着窑山、汇观山、雉山、前山、凤山、羊山、全山、树山、乌山、茅山、金顶山、荀山等孤立的小山(图1-2)。这1000平方公里的平原湿地,是良渚古城可以直接依托的稻作农业与采集捕鱼经济的根基,而西面与北面的广袤山地,则有取之不尽的山禽野兽与野果珍馐。

大雄山与北面的大遮山之间是一个相对独立的地理单元,南北约5公里,东西约10公里,东苕溪从西南向东北蜿蜒流过。在行政区划上,这里以前分属于良渚、安溪、长命、瓶窑四个乡,现被合并为良渚、瓶窑两镇(街道)。依山傍水,相对独立的地理单元,以及水运交通之便,养育了这里的古代文明。

在距今5000年前,主要依靠水路交通的古代江南,通往太

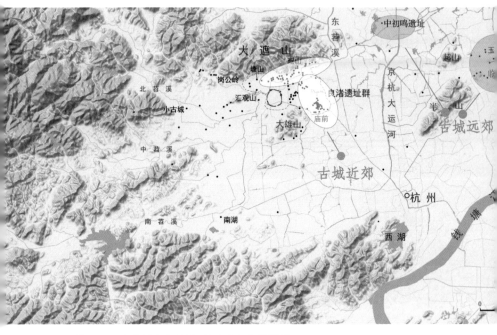

图 1-2　古城近郊与远郊遗址的分布位置图

湖的苕溪，使这个看上去地处偏狭的封闭之地，具有退可以依山据守，出则可以通江达海的地理优势。从良渚古城沿苕溪顺流而下，不用一天时间就可以到达太湖，进入太湖则可以上下长江，通达四域。当理解了这种交通之便与地理之优势，我们便理解了良渚古城作为太湖流域良渚文化这个族群之都的选择——隐于山野，兼及天下。

　　5000 年前，良渚的先王们，率领族群，沿着苕溪，来到了这里，从而开启了良渚古城千年的辉煌。

良渚考古的开始

初识良渚

考古是一场探索的接力，不断地发现，不断地有新的问题。追寻对人类历史的还原，在古与今、现实与梦想中穿梭，思索当今与未来。这种胸怀天下的考古人的情怀，从司马迁那时候起就已经铸就了。从司马迁的"究天人之际，通古今之变"，到张载的"为天地立心，为生民立命，为往圣继绝学，为万世开太平"，成为2000多年来中国文人的内在追求。

20世纪初是人类社会与科技大变革的时代。中国这样一个传统而古老的国家，在各个方面所受到的冲击更是巨大的。近代考古学正在此时传入中国，并取得了快速的发展。北京周口店的发现，开启了研究旧石器时代人类历史的大门。安阳殷墟的发现，使商代的历史成为信史。新石器时代考古在黄河流域确立了以彩陶为特点的仰韶文化和以黑陶为特点的龙山文化。1936年，由于受到黄河流域考古发现的影响，吴越史地研究会的学者们，开始在南方地区寻找史前人类的足迹。杭州古荡成

图 1-3　施昕更

为了浙江第一个被发掘的新石器时代的遗址，发掘虽然很短暂，但发掘出土的石器和陶器，却足以证明杭州这片土地上人类历史的古老。

杭州古荡的发掘，还像一颗种子，它引发了在西湖博物馆工作的年轻的施昕更先生（图 1-3）探索的兴趣，他隐约觉得家乡良渚镇一带似乎也有类似的东西。于是他多次回到良渚进行野外调查，在 1936 年 11 月 3 日，终于在棋盘坟一个干涸的池塘里发现了几片黑陶片，他拿回去对照《城子崖》考古报告，发现它们与山东城子崖龙山文化的陶片十分相似，今天我们似乎仍可以体会他当时那份发现的喜悦。

于是，施昕更正式提出了发掘申请，取得了中央古物保管委员会颁发的采掘执照。1936 年 12 月 1—10 日、12 月 26—30 日、1937 年 3 月 8—20 日，他分三次对浙江余杭良渚棋盘坟、横圩里、茅庵前、古京坟、荀山东麓以及长明桥钟家村等六处遗址进行了试掘，获得了大批黑陶和石器。并于 1938 年出版了《良渚：杭县第二区黑陶文化遗址初步报告》一书。关于良渚之名的由来，像施昕更先生在报告中描写的那样："考古报告都以地名为名，如城子崖、貔子窝等等，我也来仿效一下。遗址因为都在杭县良渚镇附近，名之良渚也颇适当。渚者水中小洲也，良者善也，因为我依地层上的根据，推测在黑陶时代，该处颇多水患，且沙洲纷纭，尚系沿江初成的沙地，因为环境良善，才有民族移居，所以决定采用这二个字，有名实兼收之妙。而且有了地域的概念。"

施昕更先生的发掘成为良渚遗址考古和良渚文化研究的肇始。但是在当时文化传播论与黄河中心论旧史观的影响下，良渚一带所发现的黑陶，就自然被归入了山东龙山文化之列，被认为是龙山文化向东南传播的一支。

良渚文化的命名与谱系

良渚正名

　　1949 年，中华人民共和国成立，饱受沧桑的中国，百废待兴。随着基本建设的开展，许多遗址被陆续发现。中国的考古事业进入了一个黄金时代，开始了大量积累材料的阶段。

　　1953 年浙江发掘了杭州老和山遗址。

　　1954 年江苏发掘了无锡仙蠡墩遗址。

　　这一时期，江苏省还于 1951 年发掘了淮安青莲岗遗址，1955 年发掘了南京北阴阳营遗址。这两处遗址的发掘，使研究者们开始认识到东南地区文化的土著性，于是在 1956 年提出了"青莲岗文化"的命名，从而为从思想上冲破传播论的束缚打下了基础。这对良渚文化的研究无疑是一个促进。

　　1956 年和 1958 年，浙江省对吴兴钱山漾遗址进行了发掘，在该遗址中区分出了包含几何印纹陶和不包含几何印纹陶的上下两种文化堆积。这为认识良渚文化的内涵及从时代上探讨这一地区黑陶与几何印纹陶的关系，提供了科学依据，从而开始从特征上对这一文化的内涵进行总结，注意到了"他处所未见"的"鱼鳍形鼎足""特殊的三角形石刀"等"自己的特点"。钱山漾遗址下层所发现的木桨、竹编、丝麻织品以及水稻等农作物种子，也大大地丰富了这一文化的内容，为新石器时代考古研究，开辟了一些新的领域。

钱山漾遗址发掘之后，在浙江吴兴邱城、杭州水田畈，上海马桥、青浦崧泽、松江广富林，江苏苏州越城、吴江梅堰等地，进行了一系列的考古发掘。通过这些发掘，无论在地层堆积序列上，还是文化遗物上，都大大丰富了对这一地区史前文化的认识。研究者们抛开黑陶这种简单而笼统的概念，开始从器物特点及组合上总结出如鱼鳍形足鼎、发达的圈足器、表面易脱落的黑皮陶、穿孔石钺（斧）、三角形石刀、石耘田器、有段石锛等这些与山东龙山文化不同的特点。于是，1959年夏鼐先生在长江流域考古工作会议上正式提出，把长江以南太湖流域主要包含黑陶的这种文化正式命名为"良渚文化"①，从而开始了良渚文化研究的新历程。

从1966年到1972年，由于"文化大革命"的劫难，全国的考古工作几乎处于停滞的状态。1972年以后，随着考古工作的恢复，大量新的考古材料的发现，以及碳14测定的年代数据的

① 夏鼐：《长江流域考古问题——1959年12月26日在长办文物考古队队长会议上的发言》，《考古》1960年第2期。

陆续公布，使我国的考古事业又走向了一个新的高潮。

在 1972 年公布的第一批钱山漾下层的碳 14 数据，表明钱山漾下层的年代"并不晚于黄河流域龙山文化"，从而使研究者们对良渚文化及本地区的偏见，开始有所改变①。同时青莲岗文化作为早于良渚文化的"长江南岸较早期的新石器时代遗存"，在 1972 年已得到了确认。1973 年发表的《略论青莲岗文化》一文（《文物》1973 年第 6 期），把这一文化分作了江南、江北两种类型，并注意到了宁镇地区和太湖地区的差异，以崧泽中层为代表的文化遗存被当作青莲岗文化江南类型的最晚阶段，在这里第一次被提出来，并作为和良渚文化的联系加以考虑，指出"崧泽中不少器型已开始具有良渚文化的某些特点"。

在 20 世纪 70 年代前半期，太湖地区主要发掘了江苏吴县（今属苏州）草鞋山②、常州圩墩③、吴县澄湖，上海青浦崧泽，浙江嘉兴雀幕桥、双桥等遗址。这大大丰富了对良渚文化及本地区青莲岗文化内涵的认识。尤其是 1973 年吴县草鞋山遗址的发掘，第一次发掘到了出土琮、璧等玉器的良渚文化大型墓葬，为进一步认识良渚文化的生产力水平和社会形态，提供了新的资料。

---

① 夏鼐：《碳－14 测定年代和中国史前考古学》，《考古》1977 年第 4 期。
② 南京博物院：《江苏吴县草鞋山遗址》，《文物资料丛刊》（3），文物出版社，1980 年。
③ 陈晶：《江苏常州圩墩村新石器时代遗址的调查和试掘》，《考古》1974 年第 2 期。

　　与此同时，1973—1974 年及 1977 年，在浙江钱塘江南岸，发掘了余姚河姆渡遗址①。河姆渡文化以其年代的久远和特征鲜明的文化面貌，使长江下游地区新石器时代文化的重要性举世瞩目，从而为本地区新石器时代文化的研究，起了积极的推动作用。

　　1977 年可以说是长江下游地区史前考古学的一个新的转变期。

　　首先，夏鼐先生在《碳 –14 测定年代和中国史前考古学》一文中提出，青莲岗文化的江南类型和江北类型是两种不同的文化，建议把江南类型称为"马家浜文化"，包括马家浜和崧泽两个阶段。依据碳 14 数据指出，马家浜文化年代上相当于中原的仰韶文化，认为良渚文化是继承马家浜文化发展来的，其年代则相当于黄河流域的河南龙山文化与山东龙山文化，且开始的时间要早一些。

　　随后的 1977 年 10 月，在南京召开的"长江下游新石器时代文化学术讨论会"上，一些有代表性的论著从时间上、地域上和文化发展序列上，给这一地区的新石器文化以充分的肯定。

　　苏秉琦先生在会上第一次提出了考古学文化区系类型的"块块设想"。把长江下游分成了微山湖 – 洪泽湖以西的苏鲁豫皖四省相邻的地区，以南京为中心的宁镇地区和太湖—钱塘江地区，

① 　浙江省文管会、浙江省博物馆：《河姆渡遗址第一期发掘报告》，《考古学报》1978 年第 1 期。

为以后的研究指明了方向①。

南京会议上，许多文章提出了太湖地区从马家浜到良渚的序列。对崧泽中层所代表的遗存，有两种意见，一种把它归入马家浜文化中，另一种则把它归入良渚文化，但是它作为从马家浜到良渚的一个过渡阶段的中间类型，则是普遍的共识。对于良渚文化的确立和认识，我们可以看到是从它的内涵、渊源和年代这三个方面进行的，也是经过长时间的材料积累和探索才最终完成的。

20 世纪 80 年代中期以后，尤其是江苏吴县张陵山、武进寺墩，上海青浦福泉山，浙江余杭（今属杭州）反山、瑶山等随葬玉器的良渚大墓的发现，更使学术界对长江下游的史前文化刮目相看。考古界进一步认识到中华文明几千年源远流长：九州一体的中华文明，由各区域多元的新石器时代文化，通过汇聚、融合最终走向统一。

---

① 苏秉琦：《略谈我国东南沿海地区的新石器时代考古——在长江下游新石器时代文化学术讨论会上的一次发言提纲》，《文物》1978 年第 3 期。苏秉琦、殷玮璋：《关于考古学文化的区系类型问题》，《文物》1981 年第 5 期。

良渚文化的年代与社会

良渚时代的世界

　　考古学的年代最初是建立在层位学基础上的相对年代，20世纪70年代末，在长江下游确立了马家浜文化→崧泽文化→良渚文化→以印纹硬陶为代表的吴越文化的相对年代关系，以及文化谱系的传承关系。

　　关于新石器时代晚期的认识，在20世纪90年代以前，一般认为良渚文化的晚期可以与当地相当于夏时期的马桥文化相衔接，但在文化面貌上却一直存在缺环。1997年，浙江省文物考古研究所在浙江遂昌好川遗址发现了有别于良渚文化但又与良渚文化存在继承关系的好川墓地[1]。其文化面貌与大汶口文化晚期也有着密切的关系。2002—2003年，又在浙江温州老鼠山遗址发现了与好川面貌一致的墓葬，从而对这一文化遗存的特征与分

_____

[1]　浙江省文物考古研究所、遂昌县文物管理委员会：《好川墓地》，文物出版社，2001年。

布范围有了进一步的认识^①。近年来又在浙江江山山崖尾和仙居下汤等地发现了好川文化的遗址，从而证明好川文化是从良渚文化后期至龙山时代末期分布于浙南、闽北和赣东地区的一支新石器时代晚期文化，这是受到良渚文化和山东大汶口文化影响而发展起来的一支独特文化。

1999 年，上海博物馆发掘了松江广富林遗址^②，认识到以侧扁足鼎和大鱼鳍形足鼎为代表的文化堆积，与龙山时代的河南王油坊类型的遗物共存，其中也包含了典型山东龙山文化的遗物。从而打破了对良渚文化和长江下游史前文化谱系的原有认识框架，研究者们不得不重新考虑，良渚文化下限的年代问题以及良渚文化后续的发展问题。于是许多学者提出了良渚文化未进入龙山时代，而大量的碳 14 测年数据证明良渚文化的下限年代应在距今 4300 年左右。

由于取得了以"大鱼鳍形足鼎"和"侧扁足鼎"为代表的文化遗存处于良渚文化后续阶段这一认识上的突破，近年来除上海广富林遗址之外，在江苏和浙江又陆续发现和重新认识了许多包

---

① 王海明、孙国平、蔡钢铁、王同军：《温州老鼠山遗址发现四千年前文化聚落》，《中国文物报》，2003 年 5 月 28 日。
② 上海博物馆考古研究部：《上海松江区广富林遗址 1999—2000 年发掘简报》，《考古》2002 年第 10 期。

含这类遗存的遗址:江苏有南京的牛头岗遗址[①],兴化戴家舍南荡遗址等[②],吴江龙南遗址[③];浙江有余杭卞家山遗址、石前圩遗址、横圩里遗址、三亩里遗址,宁波慈城小东门遗址[④]等,以前被归为良渚文化早期的湖州钱山漾遗址和绍兴马鞍仙人山遗址等,也被重新认识。

2005年对湖州钱山漾遗址进行了发掘,进一步明确了以侧扁鼎足为代表的文化遗存与以大鱼鳍形鼎足为代表的文化遗存(图1-4),存在着地域分布上的差别和时间上的交叉,于是在2006年上海广富林会议上提出了"广富林文化"和"钱山漾文化"[⑤]的命名。这样从时间序列和文化面貌上,对

图1-4 钱山漾遗址出土的鱼鳍形足鼎

① 华国荣:《南京牛头岗遗址的发掘》,《2003中国重要考古发现》,文物出版社,2004年。

② 南京博物院考古研究所等:《江苏兴化戴家舍南荡遗址》,《文物》1995年4期;龙虬庄遗址考古队:《龙虬庄》,科学出版社,1999年,第204页。

③ 苏州博物馆、吴江文管会:《吴江梅堰龙南新石器时代村落遗址第三、四次发掘简报》,《东南文化》1999年第3期。

④ 浙江省文物考古研究所:《宁波慈城小东门遗址发掘简报》,《东南文化》2002年第9期。

⑤ 张忠培:《解惑与求真——在"环太湖地区新石器时代末期文化暨广富林遗存学术研讨会"的讲话》,《南方文物》2006年第4期。

浙江龙山时代有了较为清楚的认识。在这两个文化确认之前，我们一直把大鱼鳍形足鼎当作是良渚文化早期的产物，因为良渚文化鱼鳍形足鼎的发展规律是鱼鳍形鼎足的外侧逐渐加宽，最后发展为横截面呈"T"字形，所以才会自然地把这种钱山漾的大鱼鳍形足鼎排在了良渚文化早期。巧合的是当年浙江湖州钱山漾遗址的碳 14 测年结果也显示为 5000 多年。这种认识上的偏差，导致我们在野外发掘的许多年中，常常会把良渚遗址上层的晚期地层误认为是早期遗物扰乱上来的结果。

钱山漾和广富林文化的发现，完善了长江下游地区新石器时代文化发展谱系，使我们对距今 7000—4000 年前的文化演变规律有了全面的掌握。考古学文化面貌的改变和分期，意味着自然环境与社会的变迁。良渚古城内外河道等遗迹最上层的堆积中，良渚文化晚期的"T"形鼎足已经不再使用，代之以侧扁鼎足，也偶然可以见到少数钱山漾文化的大鱼鳍形鼎足，这标志着已经进入以钱山漾和广富林为代表的长江下游的龙山时代，但是良渚古城遗址所出土的豆、袋足鬶等其他陶器以及玉石器等却依然延续原有发展规律继续演变，这说明原来的社会主体和文化依然存在，因此，我把这一阶段称为良渚文化晚期晚段。在良渚大洪水来临前的这一段时间，良渚古城的许多河流被大量的建筑垃圾所填满，我们从中隐约可以看到社会的动荡与毁灭性的破坏。良渚时代结束了。

1949 年美国科学家利比发明了碳 14 测年法，利用同位素碳 14 的半衰期（约 5730 年），可以测算出有机质遗物的死亡年代，因此可以借此推断考古学文化所处的绝对年代。20 世纪 70 年代，碳 14 测年被引入中国，从此中国史前考古学文化的绝对年代逐渐得到确立。

通过大量的碳 14 测年数据，良渚文化的年代被确定在公元前 3300—公元前 2300 年之间。年代实际上不仅仅是个数据，它更主要的是个坐标，标志着人类某个阶段在宇宙中的位置。人类社会已经经历了 300 多万年的历史，而在距今 1 万多年才开始进入农业和定居时代，开始使用磨光石器并发明了陶器，这是人类迈向文明的开始。在物质文明进步的同时，人类的社会组织也在不断发生着变化，中国许多地区在距今 6000 年左右开始从母系社会发展到父系社会。财产和权力在不断改变着人们的观念，因此产生了社会组织的改变，人类也从自然界的一部分，转变为自然界的对立面和统治者。随着社会集团不断壮大，社会分工、等级分化以及区域差异等的不断复杂化，人类社会便开始产生统治集团和管理阶层，从而最终达到国家的产生。在距今 5000 年左右，尼罗河流域的古埃及、两河流域的苏美尔、印度河流域的哈拉帕等几乎在同一时期进入国家社会（图 1–5）。

良渚文化发达的农业、手工业，墓葬所反映的多层次的等级，以良渚古城为标志的城乡分野与超大型工程的组织实施，证明良

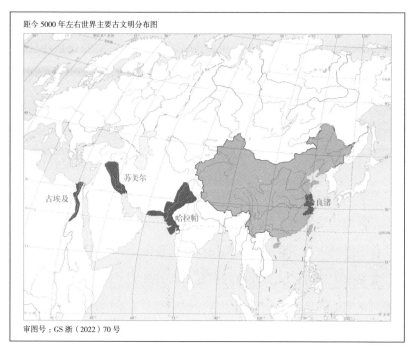

图 1-5　距今5000年左右世界主要古文明分布图

渚文化也已经进入了国家文明。

当然，良渚文明只是分布于中国长江下游地区，中国的长江中上游地区、黄河流域、辽河流域、珠江流域等都有着各自延续的文化核心区，他们的文明发展程度也不亚于长江下游地区。在这些不同区域文明的共同作用下，最终形成了多元一体的中华文明共同体。

穿过玉的时空

这半人半神半兽的图案，就像一张隐约的老照片，使我们对 5000 年前的良渚人，有了依稀的认识。

玉器文化是中国文化的特征之一。在新石器时代晚期，玉以其坚韧、美丽以及稀有的特性，而被赋予了超自然的属性和一些人格化的内涵，从而成为当时祀神与社会组织系统的重要物质依托。

找回玉琮的前世今生

1973年，在良渚文化的认识史上是具有里程碑意义的一年。南京博物院的考古人员在江苏吴县（今属苏州）草鞋山遗址发掘到了一座大墓，在这座墓葬中发现了与良渚文化陶器共存的玉琮、玉璧等大型玉礼器，这些以往被认作周汉时期的玉器原来是良渚文化之物，这打破了考古学家们原有的认知。

琮、璧曾经是《周礼》记载中祭祀天地的重器。但自战国以后，玉琮之名与物便失去了关联。宋人曾用青瓷和铜仿制良渚玉琮式的花瓶（图2-1），外方内圆，四面有竖槽和突起的横条装饰，显然是模仿了良渚玉琮的形态特征。这间接地说明了良渚文化玉器，在宋代就有出土，并成为人们喜爱的珍玩。

图 2-1　南宋龙泉青
瓷蓍草瓶

图 2-2　四川成都金沙遗
址出土的良渚文化玉琮

图 2-3　江苏吴县严山出
土被切割的良渚玉琮

　　良渚玉器的出土与传世，几千年来未曾间断。它的外传最早
也许可以上溯到殷商时期的古蜀国。成都金沙遗址出土的一件良
渚玉琮（图 2-2），从形制与雕工看，无疑是 4000 多年前良渚人
的作品。它也许是古蜀国传承千年的传家宝，也许是殷商时期古
蜀国新获得的一件宝物，其所代表的神性似乎还没有被遗忘，因
此这一时期古蜀国模仿制作了许多相似风格的玉琮。

　　西周以后，世人就逐渐不识良渚玉琮的本来面目与意义了。
江苏吴县严山春秋时代的窖藏中发现了被加工和切割的良渚玉琮
（图 2-3），人们把它当成了一件玉料，可见在当时，这些良渚玉
器并未被当作古物珍藏，良渚玉琮的神性内涵至此已经失传。

清代，由于乾隆皇帝喜好古物，所以清宫中搜集有大量的古玉。其中有良渚文化的玉琮、玉璜、三叉形器等玉器（图2-4）。乾隆皇帝还常常为新获得的玉器赋诗作文。从其诗文的内容看，玉琮当时被认作是古代杠夫抬举辇车或乐鼓所用的"杠头"装饰，后来又有"辋头"之称。

乾隆五十九年（1794）的《咏古玉辋头瓶有序》："呼此瓶为辋头者，不知起于何时，内府最多，不可屈指数。今查'辋'字不载字典，类其韵，盖'杠（掆）'字之讹。字典音'冈（冈）'，去声，亦作平声。又《字林》称'捎'与'掆'皆舁（舁人，轿夫）也。盖古时舁辂辇或以此饰竿头，其无底而通亦一证也。今定为'掆

图2-4　刻有乾隆御制诗的玉琮　台北"故宫博物院"藏

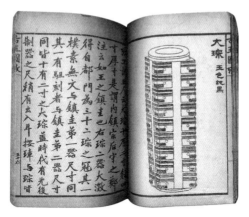

图 2-5 《古玉图考》中的玉琮图

头'，旧讹为'辋'者，亦不必更易。"可见"辋头"之名早已有之。

《咏汉玉辋头瓶》："五辂辋头饰，难分秦汉周……作瓶插时卉，清供雅相投。"《咏汉玉辋头》诗中注："此辋头傅之以底可当笔筒，虽后代所作，而非近时俗工所能。陈之几间，天然文房清供。"

直到清末吴大澂的《古玉图考》，才第一次将这种外方内圆的玉器，考证为古代经籍中所称的"琮"（图 2-5）。虽然良渚玉器在当时还被认作是周汉之器，但在 2000 多年的失传之后，才第一次找回了名称与器物之间的联系。

1973 年江苏吴县草鞋山 M198 的发现，第一次让玉琮回归到了它原有的时空。在江苏，继草鞋山发掘之后，1977 年又在吴县张陵山发掘到了随葬琮、璧等的良渚文化大型墓葬[1]，从而引起学术界对良渚玉器的关注。一方面，这些中国礼制中的重器，竟在一向被认为是"蛮夷之地"的江南找到了渊源；另一方面，大墓与小墓之间所表现出的悬殊差异，也足以使人们相信，这一文化的社会分化与进步，已达到了相当高的程度。

1978 年、1979 年和 1982 年，南京博物院对常州武进寺墩遗址进行了几次发掘，1982 年发现的寺墩 3 号墓是至今为止出土玉琮最多的墓，共出土 33 件玉琮（图 2-6）。随葬品如此壮观的大墓，令考古界感到震惊。大家对琮、璧等玉器的形制也有了更进一步的认识，并提出了其为氏族显贵者及其家族墓地的观点[2]。

随后的 1982 年和 1983 年，上海文管会在上海青浦福泉山遗址的发掘中，也发现了随葬大量玉器的良渚大墓。而且在对墓地的解剖中认识到，这一突兀的土山，竟是专门为埋葬这些墓主人而由人工堆筑营建而成的"土筑金字塔"[3]。这一认识上的突破，不仅为探讨良渚大墓的特点、性质提供了新的材料，而且也为日后的许多发现提供了经验和启发。

---

① 南京博物院：《江苏吴县张陵山遗址发掘简报》，《文物资料丛刊》(6)，文物出版社，1982 年。

② 南京博物院：《1982 年江苏常州武进寺墩遗址的发掘》，《考古》1984 年第 2 期。

③ 上海市文物管理委员会：《福泉山——新石器时代遗址发掘报告》，文物出版社，2000 年。

图 2-6　寺墩遗址 M3 发掘现场

在浙江省，1978—1986 年，先后在海宁千金角、徐步桥、平湖平丘墩，余杭吴家埠，嘉兴雀幕桥，海宁三官墩等地，发掘清理了 80 余座良渚文化小墓，为研究良渚文化自身的发展分期和文化内涵，提供了丰富的资料①。

① 浙江省文物考古研究所：《浙江北部地区良渚文化墓葬的发掘（1978—1986）》，《浙江省文物考古研究所学刊》，科学出版社，1993 年。
浙江省文物考古研究所：《余杭吴家埠新石器时代遗址》，《浙江省文物考古研究所学刊》，科学出版社，1993 年。

发现反山显贵者墓地

揭秘良渚墓葬

1986 年是良渚文化发现 50 周年，为了迎接 50 周年纪念大会的召开，我们非常希望能够找到良渚文化的大墓。牟永抗和王明达两位前辈老师，仔细盘算他们所掌握的线索，与上海福泉山相似的人工堆筑的土墩，在良渚与瓶窑一带就只有反山了。反山位于余杭长命乡沈家村，是一座东西长约 90 米，南北宽约 30 米，相对高约 4 米的大型土墩。反山的西端有条通往村里的路，从路边暴露的断面看，反山完全是一座人工堆筑的熟土墩，但堆土的断面中找不到任何可以断定年代的遗物，只是听说"文化大革命"期间，在反山的南侧挖防空洞时，曾经出土过玉器。我们期盼着有好的收获，能为纪念大会献上一份厚礼。

春节后我们跟随牟永抗、王明达两位老师去现场调查，位于费家头村西南角的反山，本身就建立在比较高的地势上，高地比西面的水稻田高近 2 米。记得当时铲了一下断面，可以看到有良渚文化的陶片以及一段人骨，所以还推测如果反山土墩上埋葬贵族大墓，这周边的高地上应该埋葬有普通人的小墓。

　　5月8日，反山发掘正式开始（图2-7）。我们选择了反山西端30米进行发掘，共布10米×10米的探方6个，对反山的发掘制定了详细的发掘计划，甚至设想了如果发掘到良渚文化的大墓，应该做怎样的现场保护，以便于将来建一座像西安半坡那样的遗址博物馆。反山的发掘工作进行得很顺利，首先在表土以下发现并清理了11座汉代的墓葬。1986年的5月31日是值得纪念的，那天，当第一件良渚玉琮确认时，王明达老师激动得跳了起来，多年来梦寐以求的愿望终于实现了，因为玉琮是良渚文化墓葬等级的重要标志，它表示我们已经真正地挖到良渚文化的大

图2-7　反山发掘现场

图 2-8　1986 年反山 M20 发掘现场

墓了（图 2-8）。

　　按照顺序，这座墓葬被编为 12 号（图 2-9），我有幸承担了这座墓的清理工作，从器物露头到清理完毕，共花了 3 天多的时间，当手中的竹签插进土里碰到玉器时，那种硬硬的感觉，最是让人激动，而又无比地好奇与期待，因为土翻起来，你不知道下面会显露出一件怎样的器物来，这也正是考古工作的魅力所在。反山 12 号墓出土了至今为止个体最大的玉琮（图 2-10）和玉钺（图 2-11）。玉琮的重量达 6500 克，整体宽扁厚重，射部如同玉

图 2-10 反山 M12 玉琮王

图 2-9 反山 M12 全景

图 2-11 反山 M12 玉钺王

璧的形态，除四角分层雕琢神徽外，在四面的竖槽中，也各刻有2个完整的神徽图案，这种雕刻的方式也属仅见，因此它被大家称为"玉琮王"。

而发掘出的玉钺不仅形体宽大，而且在钺的两面也各雕琢有一个完整的神徽图案和鸟纹，也因此被称为"玉钺王"。反山的发掘还复原了玉钺的安柄形式，由于14号墓的玉钺柄上镶嵌了像米粒一样的玉粒，所以将以往称作"舰形器"和"杖首"的玉件，恢复到了钺柄的两端，从而认识到玉钺应该是一种象征军权和王权的权杖。

对于正确解读良渚玉器，了解墓主人的真实身份，反山的发掘起了开创性的作用。刻在玉琮等器物上的神徽图案，在反山发掘之前，一直被认为是一种类似于饕餮的兽面纹，反山12号墓出土的玉琮王的竖槽中和玉钺王上所刻的完整神徽图案（图2-12），使我们第一次了解到，原来被认为是兽面的纹饰，其实是一个半人半兽的神灵的形象。他头戴羽冠，双手扶住两只大大的兽眼，扁宽的嘴巴里，有长长的獠牙伸出嘴外，下肢是两个弯曲的鸟爪。

对这一图案的初识，还是在反山发掘之后才发现的。由于浮雕的羽冠和兽面周围阴刻的神人手臂以及下肢，极为纤细隐约，小得如同微雕，所以在野外发掘时，我们并没有看清它的真实面貌，还只当是像云雷纹一样的底纹。野外工作结束后，反山的玉器等文物被运到吴家埠库房作暂时的整理。牟永抗先生爱好摄影，试着用各种光线拍摄玉器上的纹饰，有一天，摄影师强超美在观察刚刚冲洗出的照片时，竟然发现了刻在浮雕图案周围的手臂纹饰，她惊奇地叫了起来，说："你们快来看呐，兽面的两边原来是两只手！"我们都赶紧放下手中的活，跑到门口来看照片，我们很快都看清了，那确实是两只手，大拇指向上翘起，是那样的清晰，仿佛正扶住那像面具一样的两只大眼睛。看完照片，大家赶紧再去看玉器，在侧光下我们终于看清了刻在琮王竖槽中的神徽的真面目。那天大家的兴奋程度不

图 2-12　良渚神徽

亚于玉器发现时的情景，考古是一项"前不见古人"的工作，我们常常只是"睹物思人"，面对一堆白骨，也完全无法想象他们生前的面貌。这半人半神半兽的图案，就像一张隐约的老照片，使我们对 5000 年前的良渚人，有了依稀的认识。

从那以后，牟永抗先生常常要借此考验一下前来看玉器的学者们的眼力，结果竟无人能够过关，只要我们不加以指点和说破，来者均发现不了神的真面目。记得那年正好俞伟超先生来吴家埠，牟先生也卖了关子请俞先生看，看完后牟先生问："看清了？"俞先生说："看清了。"牟先生说："再仔细看看。"俞先生又看了一遍，只是说好。牟先生说："那请您说说看。"俞先生说："就是一个浮雕的兽面纹，还有地纹，刻得非常精细。"此时大家知道，俞先生果然也没有看到。牟先生说："请您再仔细看看。"一面拿了台灯为俞先生打光，一面用手指点："这里，看看这里是什么，是不是手。"这时俞先生才终于看出了头戴羽冠的神人的形象，他惊讶了好一阵子，如同见到古人。

反山的发掘一直进行到了 10 月份，共发掘出土了 11 座良渚文化的大墓，出土陶、石、玉、象牙、涂朱嵌玉器等 1200 件（组）。反山的发掘大大丰富了良渚文化的玉器资料，除了以往所见的玉琮、玉璧、玉钺、玉璜（图 2-13）、冠状饰以及手镯、管珠之外，成组的锥形器、玉三叉形器、玉带钩、玉鸟、玉龟、玉鱼等都属于新见的器类（图 2-14）。在纹饰方面，除以往所见

图 2-13　反山 M22 玉璜

的兽面纹和鸟纹之外，还发现了一种刻琢于圆牌形玉器上的龙首形图案。三叉形器、冠状器等主要玉器，都找到了复合其功能的基本合理的解释依据。对良渚玉器从单一的认识，扩展到了对其组合件的认识。同时，对琮、璧、钺、三叉形器、冠状器、玉璜、锥形器等玉器，大家开始从组合上和礼器系统的角度进行探讨。良渚玉器的研究，自此开始走向成熟。

　　反山的发掘是浙江的考古工作者们第一次发掘到良渚文化的高等级墓葬，而我有幸成为发掘者之一，也因此与良渚文化研究和良渚玉器研究结下了深刻的缘分。

M12：103 "权杖" 瑁

M12：91 "权杖" 镦

M22 冠状饰

M14 三叉形器

M20：124 琮

M22 璜形挂饰

M14 璧

M15 冠状器

M16：2 鸟

M17 龟

M12 锥形器

图 2-14　反山出土玉器

走进良渚
玉器的世界

纹饰探幽

　　人类使用石器的历史已经有 300 多万年，玉是镁质大理岩中的结晶体，具有美丽、坚韧而稀少的特性，《说文解字》说："玉，石之美者。"中国用玉的历史可以上推到距今 9000 年前的黑龙江小南山文化。最早的玉器主要是简单的装饰品和小工具。至距今6000 年前左右，玉器的种类渐丰富，用玉较多的文化有红山文化、大汶口文化、凌家滩文化、崧泽文化等。良渚文化是史前玉文化的集大成者，良渚玉器以数量多、种类丰富、精雕细琢为特点。

　　良渚玉器的功用，很大程度上体现在宗教与巫术方面。从玉器产生之初，至良渚时代，玉器已从最初的"石之美者"的概念，转化成为一种社会化、礼仪化和宗教化的物品。随着社会系统的不断发展和完备，作为其重要指示物的良渚玉器，也便产生了许多细致的分工和复杂多样的造型，而随着某些重器的宗教巫术意义的扩大，又产生了许多派生形态。按照这些玉器的功能划分，我们大致可以将其分为功能性法器、功能与身份标志的装饰品，良渚人创造了完整的神徽形象，是头戴羽冠的祖先神和自然神结合的一种设计。许多玉器的造型都和表现神徽有关，也是巫师作为神的代言人的道具。另外，在良渚文化早期，还有一种龙首纹玉器，应该是对原来不同信仰传统的保留。下面就主要的几种良渚玉器的造型设计与内涵，作简单的解读：

一　玉器上的纹样与信仰

神灵崇拜与玉礼器系统的设计是良渚社会政权组织的主要手段和纽带。玉器造型的设计与纹饰的雕琢，也反映了良渚文化最高的艺术成就。良渚文化的玉器与崧泽文化相比，无论在数量上、体量上、种类上还是雕琢工艺上，都有了很大的发展。这似乎有些一蹴而就的感觉。这种跳跃式的发展也正是伴随着王权兴起而产生的一种现象。围绕着神权、王权和军权，良渚人设计了一整套标志身份的玉礼器，主要有玉琮、冠状饰、玉钺、三叉形器、玉璜、锥形器等。与礼仪系统相对应的，是对统一的神徽的表现。在良渚玉器中，不仅许多玉器上雕刻有神徽图案，而且玉琮、冠状饰、玉钺柄端饰等许多玉礼器的构形都与表现这一神徽有着直接的关系[1]。

---

[1]　刘斌：《试论良渚文化玉器纹样与玉礼器形态的关系》，《"故宫"文物月刊》（台北）1996 年总 171 期。

考察良渚玉器上的纹样，主要有神人兽面的神徽图案，还有与之配套的鸟纹（图 2-15、2-16）。但鸟纹一般只见于神徽的从属位置，位于神徽的左右或下方，显然是神徽这一主题纹样的有机组成部分，而并不构成独立层次的崇拜意义。

图 2-15　反山 M12：98 玉琮王侧面

此外在良渚文化早期还有龙首纹（图 2-17），龙首纹应该是良渚文化早期代表另一族群的图腾信仰。而且一般只出土于女性贵族墓葬中。这种现象或许反映了创造神徽的王族统治者与另一集团贵族女性联姻的结果。

图 2-16　反山 M23：67 玉璜

神徽及其变异形态，遍布良渚文化的分布范围，贯穿良渚文化发展的始终，几乎是绝大多数玉器图案的母题。甚至许多法器的形态设计，都和表现这一神徽有着密不可分的关系。在良渚文化的早期，施纹情况极为普遍，往往是将造型与图案结合的重复表现手法，至晚期，玉器形态、纹饰所寓内涵已被人们熟知，

图 2-17　反山 M22：26 龙首纹圆牌

从而渐将纹饰图案省简或取消。

通过对良渚玉器及其上面的纹饰的研究，使我们对良渚人的精神世界有所了解。我们看到对那种半人半兽的神徽的崇拜，渗透于良渚人生活的方方面面。我们知道，神灵应是一种虚体的信仰。它的形象的产生是经过了长时间的提炼和综合的结果，其背后应该有一个美丽的神话传说。在《山海经》中，关于神的形象有"人面兽身""人面虎身""人面蛇身""人面鸟身"等种种说法。从这些说法中，我们可以看到，在人类的心目中，神的形象是既与人类有关而又不能等同于人的一种样子。

良渚文化完整的神徽形象，也正反映了这样的造神理念，其背后的故事或许是一个族群的英雄统一了长江下游，以及其死后转生的神话。神徽上部是头戴羽冠的人的形象，中间是圆眼獠牙的猛兽的面目，下部是飞禽的利爪（图2-18）。这显然是一个复合体，但也是一个整体。无论在雕刻层次上还是比例上，兽面与人神的羽冠都是共用的。我们很难把这一图案分开，说哪一部分是神，而哪一部分不是神。在多数情况下，人们看

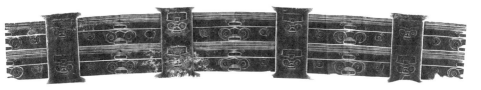

图2-18　反山M12：98玉琮王拓片

到的只是这一神的特化的面部。当虚体的神灵与人类发生关系时，必然要借助于媒体的显现，某些特定的动物和巫师便充当了这种媒体，这也是巫教产生的根源。在良渚文化中，与这种神徽所代表的神灵崇拜关系最为密切的，可以说是那些扮演神灵的巫师。除此之外，某些特指的鸟也应是这一神灵信仰中的媒体。从鸟纹与圆雕的玉鸟，我们可以看出，这种鸟在良渚文化的巫术中也有着重要的作用。当人的形象在神灵设计中出现时，也便说明了某种王者在现实社会中的出现。因此，良渚半人半兽的神灵图案的出现，也是良渚社会出现统治者的一种反映。

对于这一神灵形象的雕琢，主要采用了浮雕、透雕与阴刻等几种不同的表现手法，并往往将几种手法同用于一件玉器上，以表现这一神灵不同层次、不同角度的变幻形式。

二 飞翔的神与巫师的道具

鸟是与人类密切相关的一种动物，鸟的上天下地的飞翔特性，令人类所向往。尤其是候鸟定时定点迁徙的生态现象，更增添了鸟的神秘感。在许多的民族和文化中，都有关于鸟的神话和表现。"天命玄鸟，降而生商"（《诗经》）这句话就是大家所熟知的鸟神话的记载。在良渚文化玉器的主题纹样中，与神徽配合施刻的鸟纹，是鸟纹形象较为多见的一种形式，主要见于玉琮、冠状饰、玉璜及三叉形器等玉器上。其施刻方式一般是将鸟纹刻于神徽的左右两侧。一个神徽与两只鸟纹相对应。出土于反山 M12 玉钺上的鸟纹，将单只的鸟纹刻于神徽的下方，是鸟纹唯一一次用这种独特表现方式，也更显示出神灵高高从天而降，来自于飞鸟之上的感觉。神徽与鸟纹的对应组合，反映出良诸神与鸟的密切关系。在《山海经》中有"东方句芒……乘两龙……""南方祝融……乘两龙"等记载。殷墟卜辞中也有"帝史凤"（《卜辞通纂》第 398 片）、"帝其令凤"（《殷墟小屯——文字丙编》第 117 条）等句子。应都是对这种神灵来去，驭驶动物的形象写照。而与神徽相配的鸟纹，应该就是良渚人创世纪神话中神所乘之鸟。另外从这种鸟纹（图 2-19）的自身形态看，虽然每一组鸟纹各有差别，但它们都有一个共同的

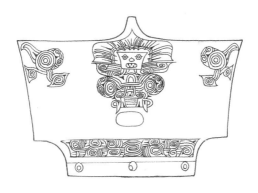

图 2-19　瑶山 M2∶1 冠状饰线描图

图 2-20　反山 M15：5 玉鸟正反面

特点，那就是鸟身部分都是以特化的神眼，即所谓兽面的眼睛来表示。这更直接反映了鸟是神的载体，是神的化身的内涵。

玉鸟是良渚文化圆雕动物造型中，最为多见的一种。鸟的形态较固定，反山共出土了 4 件玉鸟（图 2-20），鸟的形态如同展翅飞翔的燕子，在玉鸟的腹部都钻有隧孔，可以缝缀。这些鸟在出土时，一般位于墓主人的下肢部位，推测原来应该是缝在巫师衣袍的下部使用。这种佩戴正说明了巫师作为神的扮演者和替身，在衣着特征上所追求的与神灵一致的效果。这正是原始巫教求神、通神的方式。

 三　小龙女的嫁妆与图腾

良渚文化的龙首纹，1986 年首先发现于浙江余杭反山，因其与中国传统的龙纹形象极为相似，且只有头部形态，所以我们将它命名为龙首纹。龙首纹玉镯早在乾隆皇帝时就有收藏，但是

图 2-21 瑶山 M9：4 玉琮　　图 2-22 瑶山 M1：30 龙首纹镯　　图 2-23 瑶山 M1：30 龙首纹镯细部

被称作"蚩尤环"。

将神人兽面纹与龙首纹对照，可以看出，两者具有明显的动物种属差异（图 2-21、2-22）。前者具有上竖于头顶的耳朵和角，而后者没有。龙首纹的形象是一种具有长而宽的颚骨，吻部突出、口鼻相连的动物，其嘴裂可延至眼睛的侧面（图 2-23）；而兽面则有平脸短颚、蒜形鼻子和独立的扁圆的嘴巴。龙首纹有着整齐的牙齿，不见獠牙。是食草动物的特征；而兽面纹则具有食肉动物的长长的獠牙。两种图案种属的不同，反映出在崇拜渊源上的差异。

龙首形玉器在太湖流域的出现始于崧泽文化末期，浙江海宁达泽庙遗址，桐乡普安桥遗址等出土龙首形玉器的墓葬，随葬陶器以扁凿形足鼎为其时代标志和文化特征。从同时期的红山文化和凌家滩文化看，也都有对于龙的不同表现形式（图 2-24），反映了区域间的文化交流与时代影响，也应是这一时期自然崇拜的

图 2-24　红山文化玉龙　　图 2-25　普安桥 M8：　　图 2-26　仙坛庙 M51：2 圆
　　　　　　　　　　　　28 圆雕玉龙首　　　　雕龙首玉环

一种表现。

　　桐乡普安桥遗址出土的圆雕玉龙首（图 2-25）和海宁达泽庙遗址出土的浮雕玉龙首，应是龙首形玉器出现的早期形式；稍晚至良渚文化初期发展为以圆雕刻画龙首并用圆环象征龙身的形态，标本有海盐仙坛庙遗址出土的圆雕龙首玉环（图 2-26）和余杭后头山遗址出土的圆雕龙首玉环。

　　目前发现龙首纹玉器的遗址主要有浙江杭州余杭反山、瑶山、梅园里、后头山、官井头、北村，海宁达泽庙，桐乡普安桥，海盐仙坛庙以及江苏常熟罗墩等地，龙首纹玉器的主要器类有：圆牌形玉饰、玉璜、玉镯、玉管以及圆雕或半圆雕的龙首[1]。

---

①　刘斌：《良渚文化的龙首纹玉器》，《神巫的世界——良渚文化综论》，浙江摄影出版社，2007 年。

最早出土成串的玉牌饰与龙首纹的墓葬为杭州余杭官井头和北村遗址，它们是女性贵族的典型配饰。而且出土龙首纹牌饰的墓葬，在整个墓地中地位较高，反映了在崧泽文化晚期阶段女性在部族中的地位。这种组合出现于良渚文化早期瑶山与反山的贵族女性墓，这或许是外来的以神人兽面神徽为代表的王族，娶了当地以龙首纹为图腾的贵族女性的一种反映（图2-27）。此外，从随葬品看，瑶山的北排墓葬都是女性，而略晚的反山墓地，则只有北排的22与23号墓葬是女性，说明在整个统治集团中，女性所占的比例在逐渐减少。

综合良渚文化出土的龙首纹玉器可以看出，环形玉器是其主要的载体，那种圆周形的表现方式，使载体本身成为龙身的象征。这种表现方式与红山文化的玉龙，以及商周青铜时代的龙形玉玦等极为相似。另外，在良渚文化龙首纹的面颊正中，大多有一个

图2-27　反山M22：26龙首纹圆牌

菱形的纹饰。这一菱形纹饰，在商周时代的玉器以及青铜器上也多有发现，其意义与功能颇费猜测，但所反映的文化上的传承与融合却是十分明显与重要。

龙首纹玉镯，目前共发现2件：1件1987年出土于杭州余杭瑶山M1，外壁等距离琢出4个龙首纹（图2-28）；1件2021年出土于余杭北村M106，外壁等距离琢刻有6个龙首纹。

龙首纹玉管，以往被归入小琮式管之列。因所饰图案与典型龙首纹形象略有差别，所以往往被认为是神人兽面图案的变体。这些龙首纹图案，均施刻于圆形玉管上，以上下重叠的方式布列，有单节和多节之分。一般一周有3个或4个眼睛和鼻孔，左右重复使用，构成三面或四面式结构。眼睛为凸出的重圆，在额中部分叉，与典型龙首纹的耳朵相似。眼鼻之间，有的刻有与典型龙首纹完全一致的菱形纹，有的刻以垂弧纹装饰。每节下部，与两眼相对位置，琢出两个大大的凸出的圆形鼻孔，

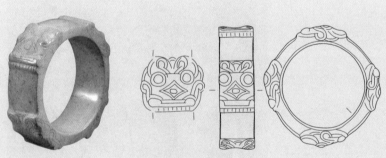

图2-28　瑶山M1∶30龙首纹镯及其线描图

图 2-29　瑶山 M9：5
龙首纹管

图 2-30　瑶山 M11：94 龙首纹玉璜

鼻孔之间连以浮雕凸起的横条，以表示吻部，有的还加刻出唇线，
与典型龙首纹唇鼻的表现方式极为一致。在以往的研究中，或
误将此鼻孔认作是简化的兽面的眼睛（图 2-29）。

　　虽然这些玉管上的龙首纹均施于弧面上，但就正面观之，其
眼鼻一般处于视觉的边缘，往往仅见其大半。这与典型龙首纹，
在两个面交接处表现眼鼻的手法也正相合。与典型龙首纹所不同
的是，所有施于玉管上的龙首纹，均省略了唇下的牙齿。考察这
些纹饰的整体风格，及眼睛和鼻的表现方式，以及面额正中的菱
形纹和垂弧纹的装饰，均与龙首纹十分接近（图 2-30），而与常
见的神人兽面图案相差较远。所以我认为，这些玉管上的图案应
是适用于不同表现方式的一种变体形式的龙首纹。

　　虽然以龙首纹为装饰题材的玉器在良渚文化中期以后，便没
有再往下传承。但是龙纹的题材却并没有消失，随着近年来良

图 2-31　良渚古城葡萄畈 T0304 ⑦蟠龙纹陶壶及其龙纹线绘

渚古城等许多遗址的发掘，在良渚文化晚期的陶器上，我们常常可以看到另外一种龙纹的形象，其表现形式，有双盘龙和单盘龙，一般以细刻纹的方式刻划在黑陶器物的表面。有意思的是这种盘龙的表现方式，与春秋战国以后的龙的形式具很多的神似之处。神龙见首不见尾，而文化精神的传承却从未断灭（图2-31）。

四 玉冠状饰

玉冠状饰是良渚玉器中较为多见的一种。一般为形体扁薄的倒梯形，上端中间往往有凸起的尖，下端修成扁榫状，并有许多小孔，便于固定。其整体形态与完整神徽的弓形帽子十分相像，因此，反山发掘时我们将它命名为玉冠状饰（图 2-32）。1999 年浙江海盐周家浜遗址的发掘，发现了与象牙梳连在一起的冠状饰，使我们知道它是插在墓主人发髻上使用的一种头饰（图 2-33）。

M17：8 玉冠状饰

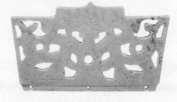

M15：7 玉冠状饰

M22：11 玉冠状饰

M16：4 玉冠状饰

图 2-32　反山出土玉冠状饰

冠状饰的形态，主要来源于对神徽冠帽的表现，是神徽帽子的象征，它是可以通神的标志，因此它是每一个贵族首领或巫师必须的佩戴物，从而也显示了神权与王权融合、政教合一的统治模式。将神冠戴在巫师和首领的头上，那么巫师和首领便显然成为了神的化身，这也正是良渚文化神权统治的一种表现[①]。

图 2-33　周家浜 M30 象牙梳

五　三叉形器

三叉形器是良渚文化特有的玉器，从反山、瑶山看，三叉形器一般出自南列墓中，是男性贵族的一种身份象征物（图 2-34）。出土时一般位于墓主人头部的上方，所以应是首领们头冠上的一种装饰。有施刻神徽纹饰和素面两种，其外缘轮廓一般为圆弧形，上有三个分叉，

图 2-34　瑶　山　M10：6 三叉形器

---

① 刘斌：《良渚文化的冠状饰与耘田器》，《文物》1997 年 7 期。刘斌：《神巫的世界——良渚文化综论》，浙江摄影出版社，2007 年。

中间的叉往往略短。三叉上一般都有钻孔，中叉的孔均为上下贯通的竖孔，两边叉上或为竖孔，或为牛鼻状隧孔。出土时中叉相对处往往有玉管相接，在使用时应是贯穿于一起的。反山共出土5件三叉形器，除M20外，均出自南列墓。瑶山所出6件三叉形器，也均为南列墓所有。此为男性首领的专用装饰物。

六　玉锥形器

锥形器是良渚文化男性贵族的一种头饰，往往6—7件成组出土，一组锥形器中有时会有一件下半部刻神徽的呈方形，这是受到玉琮雕刻方式影响的一种表现（图2-35）。无论长短方圆，其上端均做成尖状，下端一般做成短榫状，并往往有细小的横孔。从所有施纹者考察，均以尖端朝上为正。使用时尖端一般朝上，可能是插在冠帽上的装饰。另一类锥形

图2-35　反山M20：72、73玉锥形器组出土场景

器往往单件位于死者腰侧，其功用可能应是死者手中所持的某种杆状物前端的镶嵌。

 七　玉璜

玉璜（图2-36）是良渚文化特征性比较明显的一种玉器，一般为所谓的"半璧"形。两边各有一可穿系的小孔，正面一般为弧凸面，背面为平面，有光素和施纹两种。纹样一般为兽面神徽及其变体形态，偶见有在边缘轮面上施龙首形纹样者。从随葬情况看，玉璜一般均出自女性墓中，往往与纺轮等纺织工具共出。

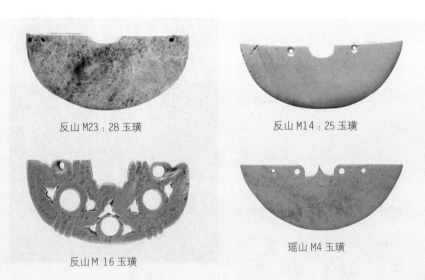

反山 M23：28 玉璜

反山 M14：25 玉璜

反山 M 16 玉璜

瑶山 M4 玉璜

图 2-36　反山、瑶山出土玉璜

八　玉琮

玉琮面面观

良渚玉琮纯粹是神徽的载体，形式是四面刻了神徽的柱子。在良渚文化发展的 1000 年里，玉琮的形式主要沿着从圆到方的变化轨迹，其上的神徽纹样经历了从繁到简的演化。玉琮（图 2-37）的形态起源与发展，即是对神徽直接表现的产物。玉琮只是神徽的载体，神徽在玉琮上的布局，一般为每周对称地施刻四组相同的图案，有单层或多层之分，上下呈竖直堆叠的方式，在相邻两组图案之间隔以竖槽和横的分节槽，这种槽在造型上也构成了良渚玉琮的一个特点。

早期的圆形玉琮，是在圆筒形的外周浮凸四个神徽的图案，以后为了使神徽立体化，逐渐沿鼻线加高，从而最终形成了玉琮外方内圆的形式。从对神徽细微的刻划，到玉琮这一外方内圆的神柱形式的形成，琮的外方的形态，逐渐成为其上所刻划的神灵形象的象征，所以在装饰品与实用器基础之上，又衍生出许多仿琮形的玉器，如琮式玉管、琮式玉柱形器及方形的玉锥形器等等，都是从方形玉琮的象征意义中衍化出的神徽的表现形式[1]。

① 刘斌：《良渚文化玉琮初探》，《文物》1990 年 2 期。刘斌：《神巫的世界——良渚文化纵论》，浙江摄影出版社，2007 年。

反山 M20：122 玉琮

反山 M20：124 玉琮

反山 M12：97 玉琮

瑶山 M7：34 玉琮

瑶山 M7：50 玉琮

瑶山 M9：4 玉琮

瑶山 M10：19 玉琮

图 2-37　反山、瑶山出土玉琮

九 玉钺

钺是良渚文化的重要武器，在良渚文化的墓葬中，随葬石钺的现象十分普遍。在一般的小墓中，约有一半以上的墓葬随葬有石钺；而在大型墓葬中，许多墓不仅随葬大量的石钺，也往往随葬玉钺（图 2-38）。

一般一座墓只有一把玉钺，具有权杖的作用。许多玉钺柄的两端都镶嵌有玉饰（图 2-39）。钺柄顶端的玉饰侧视如同一艘小船的剪影，它是为了适应钺的安柄方式，是将神徽的羽冠以鼻线为中轴对折起来的一种表现手法，形态上正好是正面视角的冠状饰的一半。将神的羽冠戴在象征军权与王权的权杖上面，那么军权与王权也便被赋予了神的意志。这种设计是何等的精妙啊！ [1]

图 2-38　反山 M 12 玉钺王本体

---

[1]　刘斌：《神巫的世界——良渚文化综论》，浙江摄影出版社，2007 年。

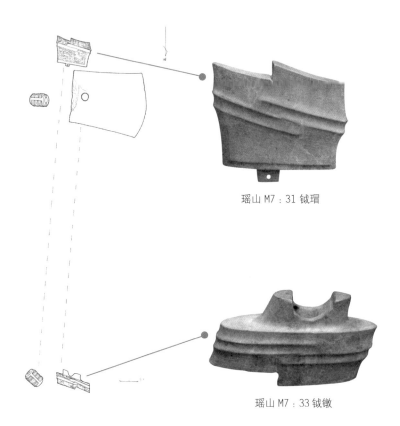

瑶山 M7：31 钺瑁

瑶山 M7：33 钺镦

图 2-39　瑶山M7玉钺复原示意图

　　这种上下两端带有装饰的玉钺权杖，与商代甲骨文中的"戊"字高度一致（图 2-40）。林沄先生在《说王》（《考古》1965 年第 6 期）一文中，论证了"戊"与"王"在造字上的关系，证明"王"字是"戊"字的假借字。"王"为何在造字时取象于"钺"呢？因为王在出场时手中总是要拿着一把钺。《史记·殷本纪第三》

| 甲骨文1 | 甲骨文2 | 甲骨文3 | 甲骨文4 |

| 金文1 | 金文2 | 金文3 | 小篆 | 隶书 |

图2-40 "钺"字的字形演变

描写商汤在伐夏之时,说"汤自把钺"率诸侯,"以伐昆吾,遂伐桀"。《史记·周本纪第四》中描写周武王伐商时,也写到"武王左杖黄钺,右秉白旄,以麾"。从对良渚玉钺权杖的设计分析,我们今天对"王"字造字本意的理解里,又多了一层含义,"王"和"戊"不仅象征着军权,同时也包涵了神权,包涵了王权中的神的旨意。这种君权神授的理念看来在距今5000年前就已经形成了。

十　玉璧

璧是良渚玉礼器系统中的大型器物。一般直径在20厘米左右,厚度在1厘米左右,中间穿孔大小不等。在良渚文化中,应该还没有璧与瑗之分。良渚文化中只有晚期极少数玉璧刻有隐秘纹饰，在良渚文化玉璧的刻纹中，我们尚未见有施兽面神徽者，这说明玉璧在祭祀功能上与其他法器的区别。

图 2-41　反山 M23 全景

从玉质看，良渚玉璧大多数是斑杂结构的玉料，出土时除少数制作精致的玉璧放在墓主人胸部或头部外，出土数量较多的往往成堆放在墓主人脚部。反山 M23 共出土玉璧 54 件，是目前为止出土玉璧最多的墓（图 2-41、42）。所以我认为玉璧主要是"以玉事神"的玉的本质意义上的一种祭品。而祭天说，则应是在"天圆地方"的"盖天"论宇宙观形成之后的一种附会。一座墓可随葬数十件玉璧，而像瑶山这样的重要墓地，却一件玉璧也可以没有。从这些特殊现象分析，我认为玉璧在良渚早期可能仅仅是对于不适宜制作其他玉器的一种玉料的利用和占有。随着玉礼器系统的逐渐完善和发展，玉璧才越来越被重视。良渚晚期玉璧上的隐秘刻纹主要是祭台与神鸟的图案。

图 2-42　反山 M23：168 玉璧

巫师的观象台

祭坛与大墓的关系难道与埃及、美洲的金字塔一致吗？那墓葬为什么又破坏了祭坛原来的设计呢？

1987 年浙江省文物考古研究所在杭州余杭安溪发掘了瑶山祭坛与墓地，1991 年又在余杭瓶窑镇发掘了汇观山祭坛与墓地，它们都是良渚早期修建的祭坛，后来又成为贵族的墓地，在这里埋葬着与反山一样的王一级贵族墓葬。

　　2007 年良渚古城发现后，才知道它们分别位于古城北面和西面的自然山丘上。埋在祭坛上的人也许都是良渚古城的设计者和建设者，也是祭坛的使用者。当祭坛原初的设计功能废弃以后，这里作为沟通天地的圣地，成为了他们死后永恒的居所。

　　从 1999 年到 2000 年，在修复汇观山祭坛时，我经过长时间的观测，终于揭开了祭坛的功能之谜，原来这里是巫师的观象台。

瑶　山

 一　盗墓引起的发现

　　1986 年反山发掘后，在国内外引起了研究和收藏良渚文化玉器的热潮，良渚玉器的身价也随之大增，文物贩子们走乡串户地到处寻觅，并出高价鼓动农民去盗挖。

1987年春天，距离反山约5公里的安溪乡下溪湾村的农民，在文物贩子的鼓动下，做起了发财梦，因为以前曾经有人在瑶山上种树时挖到过玉器，于是有村民偷偷上山在树林中盗挖，第二天他挖到了几个带花纹的玉管，晚上给住在镇上旅馆里的贩子一看，那人眼睛都发绿了，出了上万元的高价。20世纪80年代的1万元可是大数字。风声很快传遍了村庄，五一节的前两天，一下子上百人跑去山上挖玉。出土玉管的地方，一下子挖出了几百件玉器，盗挖现场你争我夺，眼看着就要出人命的样子。当地乡政府知道消息后，马上派出民警上山制止，并报告了余杭县与杭州市公安局以及文物部门。1987年五一节这天，省、市、县公安局几十辆警车赶赴现场，追缴被盗挖的文物。由于处理及时，大部分被盗挖的玉器都追了回来，最后收缴玉器达340多件，仅玉琮就有六七件。

瑶山发掘时我们找到了这座被盗挖的墓坑，证明这些被盗挖的玉器都是出自同一座墓中，我们将这座墓编为12号。公安局对参与盗挖的人员进行了严厉打击，有十余人因此被判刑。

盗挖事件发生后，浙江省文物考古研究所立刻组织人员进行了抢救性发掘，于5月5日开工，至6月4日结束。不仅发现了十几座高等级的良渚文化大墓，还发现了良渚的祭坛。瑶山发掘由牟永抗先生担任领队，参加发掘的主要有我、芮国耀、强超美、沈岳明、桑坚信、林金木、费国平、陈欢乐等。

当时的发掘条件相当艰苦，山顶上风吹日晒不说，吃住也十分地不堪。瑶山的东面有座杭州市公安局下属的精神病院，我们就借住在里面，这样也省了自己开伙烧饭的麻烦。这座精神病院里收治和关押的病人，大多是因为有过暴力行为和暴力倾向，所以他们住的院子和房间都有铁栏门锁着。病情稳定缓和的病人，可以放出来打饭，我们吃饭时常常要和他们一起排队，这些人常常对我们点头微笑，可能还以为我们是新入伙的呢。记得住了十天以后，各屋都闹起了臭虫，大家又是喷药，又是晒床垫，折腾了数日，才总算把臭虫镇压了下去。瑶山发掘的同时，王明达老师在吴家埠整理反山墓地的材料，后来牟永抗先生派我每天回吴家埠去加强值班，因为反山的玉器放在那里，只有王明达老师和两个值班的老头在，不放心，于是我每天早出晚归，骑自行车沿着苕溪大堤骑十几里路，虽然辛苦，但远离精神病院，心里倒也觉得挺痛快的。

瑶山的表土不深，仅有二十几厘米，所以发掘进展得很快，短短一个月时间，就挖了近600平方米，并发现清理了12座良渚文化的大型墓葬，出土玉器上千件。牟先生比较赏识我的野外发掘水平，所以把认为最重要的位置居中的7号墓与11号墓让我清理，果然这两座墓的随葬品最为丰富，让我又一次体验了发现过程的惊喜（图3-1）。

图 3-1　瑶山 M7 发掘时在绘图的作者

瑶山的发掘，不仅又一次见到了十余座大墓和大量的精美玉器，而且还第一次发现了一座良渚文化的祭坛。祭坛的西北角用石头包砌，保存十分完好。祭坛的发现为良渚文化的研究增添了一项新的内容。他们为什么要在山上修建祭坛呢？祭祀的内容是什么呢？这些埋在祭坛上的大墓和祭坛是一种什么样的关系？难道修坛仅仅是为了埋墓吗？祭坛与大墓的关系难道与埃及、美洲的金字塔一致吗？那墓葬为什么又破坏了祭坛原来的设计呢？而且 M1 与 M3 已经超出了祭坛的西侧边界，显然是在祭坛废弃覆土之后才埋入的。这一系列的问题困扰着我们。

如果不是因为盗挖，我们还真不会到这样的山上考古。也算是意外的收获吧。

二 墓葬与祭坛

瑶山海拔约 35 米，是一座自然山丘，位于良渚古城东北约 5 公里，地属余杭安溪乡（现属良渚街道）下溪湾村，其西面为凤凰山，南面为馒头山，东面原有一相连的石头山已被开石矿挖掉，北面是绵延的天目山支脉，馒头山南面约 1 公里为东苕溪，自西向东流过。1987 年在瑶山的顶上第一次发现了良渚文化的祭坛，祭坛的西边和北边是覆斗状的石头护坡，祭坛顶部平整，在顶上以挖沟填筑的方式，做出规则的"回"字形灰土框，与山上原来的红黄色土壤形成了色彩鲜明的内外三重土色结构。由于这一遗迹形态规则、结构奇特，而且没有房屋类的地面以上建筑遗迹，又与以玉器为主要随葬品的良渚文化大墓结合在一起，因此，很自然地被推测为是巫觋们举行祭祀活动的场所。祭坛一名便由此而被学术界所接受。

由于 1987 年仅挖了瑶山的顶部（图 3-2），后来时有盗挖发生，所以 1996—1998 年，又对瑶山进行了几次发掘。发掘证明，在修筑祭坛时，自山脚至山顶都曾经过规划和修整，在山的南坡、西坡和北坡都发现了护坡挡土的几道石坎。在修筑祭坛之前，瑶山呈东高西低的斜坡状，为了在山顶上修筑平台，因此在山坡的西侧、南侧和西北侧分级修砌石坎挡土，而将山顶修凿平整时铲下的土堆筑到西面和南面，从而形成了从山顶至山脚每级相差 2

图 3-2 瑶山 1987 年发掘场景（由西南往东北）

米左右的三四级的金字塔结构。此次发掘还在 1987 年发掘的 11
号墓西面又发现清理了一座墓葬。

瑶山的 13 座良渚大墓，分两排埋在祭坛的南侧。其中 M1、
M3 打破了祭坛西侧的石坎，而 M2、M6—M9、M11、M12 则分
别打破了祭坛灰土框的设计。这些墓葬不仅在地层上晚于祭坛的
建筑年代，而且它们也明显破坏了祭坛的原初设计格局。因此，
祭坛究竟是做什么用的？它和墓葬究竟构成怎样一种关系？长期
以来成为研究者们心中难解的疑问。

南排居中的 7 号和 12 号墓与北排居中的 11 号墓，等级最高。
瑶山的墓葬排列比反山更为整齐有序，随葬品的规律也更加明

显。瑶山的 13 座墓，随葬品主要有玉器、陶器、石器等，编号
755 件（组），以单件计共 2537 件，其中又以玉器为主，共出
土 679 件（组），以单件计共 2459 件。经考古发掘出土的玉琮、
玉钺、三叉形器、成组的锥形器等，均出自于南排的墓中；而
玉璜、圆牌形串饰、玉纺轮等，则仅见于北排墓中。另外，所
出土带盖柱形器，除北排的 11 号墓随葬 1 件外，南排的每座墓
均有随葬。

瑶山与反山的墓葬，出土时墓主人的骨架都已基本没有了，
仅个别墓葬残留有牙齿，因此无法对墓主人的性别和年龄进行
鉴定。从瑶山墓葬的随葬品规律看，作为武器的钺只有南排墓
葬才有，而纺轮和织具等则仅见于北排墓中，所以我们推测南
排墓应该是男性墓，北排墓则可能是女性墓。玉璜应该是女性
专用的佩戴品，而三叉形器和成组的锥形器等则属男性专有。
南北两排墓应该既有性别上的区分，也有职能上的不同。瑶山
的 13 座墓，大致属于同一时期，其开始的年代早于反山，比较
晚的几座墓与反山的早期墓时间重合。瑶山与反山一样，高等
级的墓葬居中，处于边远的墓葬相对级别较低，墓葬排列的顺
序和位置，可能反映了墓主人生前的位次。所以我认为反山和
瑶山及汇观山都类似于职业墓地，而不是家族墓地。在墓地中
未见平民与小孩墓。

另外，瑶山的墓葬中，竟没有一件玉璧随葬，这又给我们提

出了一个新的问题。玉璧本是大墓中最为常见的随葬品，并无身份地位的严格限定，仅反山的 23 号墓就随葬了 54 件玉璧。瑶山无玉璧，这是祭祀上的限定呢，还是这个部族没有得到适合制作玉璧的玉料？如果玉璧是祭祀中不可或缺的礼器，那一件玉璧都没有显然是不合情理的；如果玉璧是财富的象征，那么这些地位显贵的墓主人，又怎么能一件玉璧都得不到呢？

关于墓葬与祭坛的关系，有一种观点认为两者是复合的，即建立祭坛既是为了祭祀，同时也是为了埋墓，这些埋葬在祭坛上的墓主人，同时也是被祭祀的对象。从祭坛和墓葬的迹象分析，我认为祭坛本是一种专门的祭祀场所，当祭坛原初设计的使用功能被废弃以后，才被作为一块圣地，成为巫师和首领们的墓地，并且在作为墓地之前，还应该有一次覆土加高的过程。因为埋在祭坛上的 2、6、7、8、9、11 和 12 号墓葬，都打破了祭坛表面的灰色土框，破坏了祭坛原初的设计格局；1 号和 3 号墓葬，则打破了祭坛西侧石砌的覆斗形护坡，这必须是在石坎以外被加土覆盖以后，才可能出现的迹象，否则 1 号和 3 号墓的一半，则是一种悬空的现象（图 3-3）。既然祭坛原初另有实际的功用，那又是怎样用来做祭祀的呢？

考古就是这样，在新发现的喜悦中，又不断地出现新的困惑。我的老师张忠培先生常常教导我们"要被材料牵着鼻子走"，这就是科学的思维。

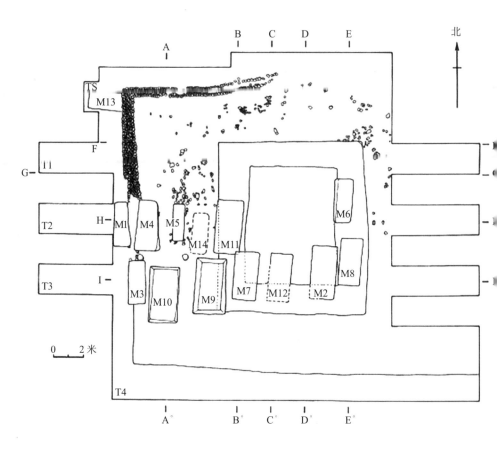

图 3-3　瑶山 1987 年发掘平面图

现举南北两座墓例介绍如下：

◉ M7

位于墓地南排墓的中心（图 3-4）。开口于表层耕土层下，打破黄土台子，其西北角打破 M11。长方形土坑竖穴墓，墓向 184 度，墓圹长 3.2 米，宽 1.6 米，深 1.3 米。坑壁较规整，墓底较平整。填土为斑杂的灰土，不见包含物。墓主人尸骨已朽无存，仅在南端发现牙齿和头骨痕迹。

随葬品有玉器、石器、陶器、漆器和动物牙齿等，共计158件组，单件计共679件。其中陶器4件，集中放置于墓葬北端，为鼎、缸、圈足罐、豆。

玉器主要分布于墓葬中部及南部。在头骨南侧有1件长玉管（M7 : 25）与三叉形器紧密相连，由此推知，此类长管应与三叉形

图3-4　瑶山M7全景

器配套使用，使用时连接于三叉形器的中叉。三叉形器出土时有刻纹的一面朝上。头部西侧有冠状饰，四周散落26颗小玉粒。当时认为应与冠状饰一起镶嵌在已朽的有机质物体上。近旁还有一串由18颗玉珠组成的串饰，此珠串围绕直径较小，显然非死者所佩戴。当时我们的观点认为，冠状饰应该是镶嵌在木质神像的头上的玉冠，因此这样的小珠串饰应该是佩戴在神偶脖子上的饰品。后来由于海盐周家浜遗址墓葬中发现了镶嵌在象牙梳子上的冠状饰，并且出土在墓主人的头部，因此才纠正了原有的认识，知道冠状饰原来是佩戴在王和首领以及巫师的头上的装饰品，这是统治者装束中模仿神像的一种设计，对于我们理解冠状饰的使用方

式以及设计使用意图，有了更加正确的认知。

玉钺（M7：32）置于东侧，钺刃向西，似乎应持于右手。相应的南端有钺冠饰（M7：31），北有钺端饰（M7：33），钺柄通长约80厘米，钺柄上还应该系挂有小琮式管等装饰。这是到目前为止，考古发掘的唯一一件钺端饰上有刻纹饰的玉钺。钺冠饰的刻纹为羽毛纹，这也更形象地说明了钺冠饰的设计是将神徽羽冠对折起来的一种形式。这种设计意涵了军权神授、王权神授的理念。

 M11

图3-5　瑶山M11全景

M11位于墓地北排墓的中段（图3-5）。开口于表层现代耕土下，打破灰土围沟，其东南角被M7打破。长方形土坑竖穴墓，墓向183度。墓圹长3.15米，宽1.7米，深1.58米。坑壁较直，墓底平整。填土为纯净的灰色斑土。墓内人骨已朽无存。

墓底发现平面呈长方形的板灰痕迹，长2.80米，宽0.96米，应是木棺的位置。全部器物均出自该范围，可知随葬品都置于棺内。

图 3-6 瑶山 M11：16
玉纺轮

随葬品共计 96 件（组），以单件计共 546 件。种类有玉器、陶器，另有 2 件绿松石珠。其中玉器共 87 件（组），单件计共 537 件，主要有冠状饰、带盖柱形器、璜、圆牌、镯形器、锥形器、纺轮等。

墓内北部主要出土陶器，共 7 件，为鼎 2、豆 1、圈足罐 1、缸 1、甗 1、过滤器 1。其中陶缸破碎后散落范围较大，过滤器、圈足罐、鼎均压在其上。压在陶缸上面的还有玉质带杆纺轮（M11：16）（图 3-6）和玉手柄（M11：15）。玉纺轮出土时，杆穿于纺轮中孔，尖端朝南。陶缸以南的陶豆上面有 7 件玉饰（M11：30），排列整齐，形似子弹，尖端朝北。

玉器多出自墓中部，除散乱分布的管、珠、瓣形玉饰外，主要器种是玉璜组合串饰和镯形器。玉璜（M11：54）出土时微有倾斜，圆弧端朝北，其周围分布 12 件圆牌饰（M11：53-1—53-4、M11：55—62）（图 3-7），根据 M4 同类器的出土情况，玉璜与圆牌饰成组，为墓主人的胸饰。该组器物的西侧出土一件锥

图 3-7　瑶山 M11：54 玉璜出土情景

形器，尾端朝北。镯形器 9 件，其中 4 件镯形器（M11：68—71）呈南北向上下叠压。在它们与玉璜串饰之间出土 1 件柱形器，以图纹为准，顶端朝南。大量的玉管、玉珠中，属成组串饰的有 3 组（M11：76 管串、M77 管串、M11：78 珠串）。未能辨明的是墓中部散布的瓣形玉饰（M11：81、82），共 75 件，形状相似而大小略有差别。该类器的平面多钻有隧孔，所以，它们可能是有机织物的缝缀饰件。

墓内南部有两组玉管串饰（M11：95、96），1 件玉璜（M11：84）（图 3-8）被压在两组管串饰之下，另 1 件玉璜（M11：85）则叠压在管串饰之上。此外还有 1 件玉璜（M11：94），位于两

图 3-8　瑶山 M11：84 玉璜

组管串饰之间。此组器物之南为凸榫朝东的冠状饰（M11：86），其两侧有一对半球形玉珠（M11：87）。最南端为带盖柱形器（M11：89），M11 是北行墓列中唯一出土该类器的墓葬。

该墓没有钺及锥形器，而随葬玉璜、圆牌形串饰、玉纺轮等器物，墓主人显然应该是女性。一般的女性大墓往往仅随葬 1 件玉璜，而该墓随葬了 4 件形式不一的玉璜，可见其显赫地位。而龙首纹圆牌形串饰，及 M11：94 龙首纹玉璜，则应该是其原来家族信仰的一种保留。带玉杆的玉纺轮（M11：16）出土时玉杆穿插在玉纺轮的孔中，这一发现使我们第一次认识到玉纺轮的存在，并且以前其他墓中出土的类似玉器，也可能是纺轮。

三　祭坛的复原与展示

2017 年瑶山祭坛被列为良渚古城申遗的范围，为了全面了解和复原展示瑶山祭坛，我们对瑶山进行了全面清理和发掘（图 3-9）。进一步弄清楚了瑶山祭坛的修筑过程。因为 1987 年发掘认识的瑶山祭坛顶面为三面式结构，仅在南、西、北三面修建石坎。后来由于汇观山的祭坛的发现，揭示出了其四面式的祭坛结构，因此对于瑶山祭坛顶部东面边界，我们一直心存疑虑。2017年，因修建瑶山遗址公园的需要，在1997年发掘的基础上，通过全面揭露清理，我们确认了瑶山祭坛顶面的东部边界，最终认识到瑶山祭坛的整体结构及其尺寸与汇观山基本一致。

祭坛主体是依托山顶砂性红土修筑的一处垒石包边的长方形覆斗状土台，正南北向，东西长约40米，南北宽约19米，土台西北角残存的石坎高度近1米。在土台西半部中央，以挖沟填筑的方式形成一个"回"字形灰土方框。

祭坛的修复展示采用了整体覆土保护，表面用化学泥标示祭坛结构与墓葬的方式，仅在西北角展现一部分石坎本体。

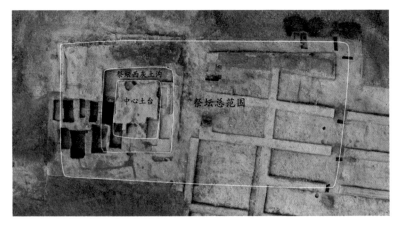

图 3-9　瑶山祭坛墓地 2017 年全景航拍图（本书作者标注）

汇观山

一　墓葬与祭坛

带着瑶山发掘的疑问，1991年，我们又有了一次新的机遇——汇观山被发现了。汇观山是位于瓶窑镇上的一座小山，东距反山仅约 2 公里，海拔高度约 22 米，相对高度约 17 米，山的周围早已盖满了房子，东北角还留有一个早先开采石矿的大坑，仅剩山顶的空地，其上荒冢森森，长满了一人多高的杂草，所以平时很少有人上去，也从未引起过人们的注意。

1990 年春，瓶窑镇的居民高德泉在山顶的西南角盖房子，挖地基的民工无意中发现了一些良渚文化的玉器，他们没有声张，悄悄地把这些玉器带回了家，准备将来有机会卖个好价钱。这年冬天，他们找到了一位买主，这位自称是外商的买主，原来是杭州市公安局的一名侦探。真是天网恢恢，公安局随之拘捕了挖掘和倒卖文物的人员，共缴获良渚文化玉器 20 多件，并获知了这些玉器出土的地点。记得那时距离春节只有半个多月时间了，我和王明达老师及余杭良渚遗址管理所的费国平等人一起去看了现场。在高德泉新房子的屋后，取土的断坎上明显可以看到有墓葬的遗迹，我们大家约定不要声张，待春节后组织发掘。比较遗憾的是余杭文管会随后对两座暴露的墓葬进行了发掘。

1991年2月，春节刚过，由浙江省文物考古研究所组队，开始对汇观山遗址进行抢救性发掘，由王明达担任领队，我实际主持，参加发掘的有胡继根、蒋卫东、费国平、陈欢乐、周建初、马竹山、张克西、陈小利等。

发掘前的汇观山完全是一座乱坟岗，共有荒坟60余座。瓶窑是东苕溪上较大的镇子，水路货运较为繁忙，自古客死瓶窑码头的外乡人多葬于此，后来我们发掘时还出土了一块石碑，上书"瓶窑义地"几个字。发掘前先是搬坟清理场地，我们买了数十个瓷坛子，请人先将乱坟中的尸骨收了，再编号画图，埋在旁边，以便清明节上坟时有人认领。我们还是第一次在发掘前遇上这样的事，以往挖的都是几千年前的坟，搬迁这些近代坟，虽然不用我们亲自动手，但心里也还是有些异样，毕竟是因为要考古发掘，才来打扰这些孤魂，所以我们也按照当地习俗，买了些香烛纸钱，请民工们拿去祭奠。汇观山在发掘前当地人称"会棺山"，只有读音，并没有文字材料，因此发掘时我们正式命名为"汇观山"。

　　野外发掘从 2 月一直进行到 6 月，发掘面积共计 1500 平方米。由于汇观山表面破坏严重，算上余杭文管会先期发掘的 2 座墓，汇观山共发掘清理了 4 座墓葬，出土随葬品近 200 件，其中主要是玉器，玉器的种类有琮、璧、钺、三叉形器、冠状饰、锥形器、带钩、玉镯以及管珠等（图 3-10）。

汇观山 M4：6 三叉形器

汇观山 M4：4 冠状饰

汇观山 M4：20 钺

汇观山 M4：3 璧

图 3-10　汇观山出土器物

4 号墓是当时发现的规模最大、随葬钺最多的良渚文化墓葬，共随葬石钺 48 件，玉钺 1 件，墓坑长 4.75 米，宽 2.3—2.6 米，而且棺椁齐全，在棺内和椁内各随葬有一套陶器，这也是到目前为止所仅见的例子。

除墓葬之外，汇观山遗址的另一项收获是发现清理出了一座与瑶山几乎完全相同的祭坛。祭坛的形制格局与瑶山祭坛完全一样，顶部也是采取挖沟填筑的方式，做成"回"字形的灰色土框。发掘还证明，祭坛的四面为覆斗状的斜坡，东西两端成阶梯状，而且在第二级阶梯上有南北向的排水沟，祭坛的南面和西面为人工修整的平整场地，从这一平台到祭坛的顶端，高约 2.2 米。这一覆斗形的祭坛东西长约 45 米，南北宽约 33 米，这大大超出了我们认识的瑶山祭坛的面积。中间的灰土框，与瑶山祭坛的尺寸相近，是宽 2.2—2.5 米，围成南北长 9.5—9.8 米、东西宽 7—7.7 米的"回"字形方框。

汇观山的 4 座墓均分布在祭坛的西南部，打破祭坛范围，其中 4 号墓破坏了祭坛的灰土框。从随葬品看，1、2 号墓的年代与反山、瑶山接近，3、4 号墓的年代略晚，证明修筑祭坛的年代应与瑶山相近。在相距只有 7 公里的范围内，修筑 2 座形制相同的祭坛，而且还都与大墓联系在一起，这既说明了这种祭坛的重要性与高规格，同时也再一次向我们提出了问题：这种祭坛究竟是做什么用的呢？为什么精心设计与修建后，又轻易地废弃了呢?

另外,汇观山出土了多件玉璧,向我们证明瑶山未发现玉璧的现象,应该与这种祭坛无关,与祭祀的限定无关,而可能仅仅只是一种偶然的特例。

二　复原与展示

1999—2001 年,由国家文物局出资支持,开展对良渚遗址的保护展示工程。为了复原和展示汇观山遗址,我们对汇观山祭坛的外围进行了清理和进一步发掘(图 3-11),对东北角的山

图 3-11　汇观山祭坛和墓地发掘场景

图 3-12　汇观山祭坛和墓地修复后场景

坡和祭坛南侧的平台做了探沟解剖。发掘证明，汇观山东北角的山坡，自山脚至山顶也都经过修整并砌筑有挡土的石坎。祭坛南侧的平台，原来是一块中间低两侧高的山坳，良渚人当年利用修筑祭坛时从山顶修凿下的土和石渣填筑而成。

　　瑶山和汇观山的进一步发掘，使我们对这两处祭坛的修筑过程有了更深入的了解。同时我们对汇观山祭坛的主体部分进行了复原性的保护。首先用三合土将已经残缺的祭坛进行修复，覆斗形台体的四周用化学泥加固。祭坛的顶面，以不同土色标示出灰土框和墓葬平面位置。

　　在这一年多的时间里，除了进一步发掘与修复祭坛（图 3-12），我的心里还一直在想着另外一个问题，那就是祭坛的用途。

无法释怀的困惑

汇观山的发掘，让我们对祭坛的总体结构与规模有了新的认识，1987 年复原的瑶山祭坛顶面面积约为 400 平方米（图 3-13），而汇观山复原的祭坛顶面面积近 1500 平方米，在这个过程中还进一步认识到了祭坛立体的多级结构以及对整个山体的利用。但对于祭坛的功能及其与墓葬之间的关系方面，仍无认识上的突破。

在同一时期，相距如此近的两地，修建形制如此相似的祭坛，究竟是为了做什么呢？

这些祭坛上的大墓都埋在祭坛的西南部，说明在埋葬时显然应该知道祭坛的所在和布局。但为什么如此精心设计与耗工修筑的祭坛，在不长的时期内就被轻易地废弃和破坏了呢？祭坛原初的设计功能是什么？又是被什么所取代了呢？这许多的疑问一直困扰着我，种种的推测和假设都不能令人满意。

从瑶山与汇观山两座祭坛的总体结构与营建过程分析，虽然有对整座山体的规划与修整，有分级的结构，以及顶部主台南面

图 3-13　瑶山祭坛修复场景

开阔的平台，或可作为祭祀活动与集会的场所，但祭坛最主要的
有平面布局意义的部分，则应是顶部"回"字形灰土方框的设计。
如果仅仅是一座举行祭祀的圣山或集会的场所，那么灰土方框的
设计似乎没有不可或缺的意义。如果仅仅是作为墓地，那么则更
没有必要营建这样的结构，而且墓葬还破坏了原初的设计。

　　我们也曾经设想过良渚祭坛与史书中记载的坛或者社的联
系，认为其主要的设计意图是形成灰色土框内外的三重土色结构。
但山顶祭坛主体部分的土台是东西长、南北短的东西向长方形，
而灰土框的形态却是南北长、东西短的南北向长方形，从祭坛的
顶部平面看，灰土框偏于西部，在整个祭坛平面上缺乏对称性。
如果仅以形成祭坛平面土色结构为设计意图，那么这种布局，则
显得有些不够合理。

在冬至的落日里找到答案

人类社会发展到新石器时代，农业的产生、农作物的人工驯化，必然以掌握天文历法为前提。良渚文化有着发达的稻作农业，因此我相信良渚人应该有比较准确的历法及测年的方法。中国在夏代就有了非常精确的历法，我们现在称为夏历、农历或者阴历，它的产生也绝非一朝一夕可以完成，必然有一个较长的历史过程。现在通常使用的阳历是以地球围绕太阳运行计算的精确的时间周期，而我们的农历实际上是阴阳合历，是融合了太阳、月亮运行的周期规律而制订出的历法，而且还加上了地球气候的变化规律，所以中国的农历不仅有时间周期，而且还有反映地球气候变化的周期性的节气。对于以农业为支撑的社会来说，农历是更科学、更实用的历法。

1999—2001 年，在发掘和修复汇观山祭坛的两年多的时间里，我天天站在祭坛上思索那些困扰我多年的问题。在冬至、夏至、春分、秋分这些重要节气的日子里，我在祭坛的中心竖立起竹竿，测量日影的变化和日出日落的方位。但是却总找不出什么规律性的认识。

记得 1999 年冬至的傍晚，看到夕阳落到西南面的山尖上，我突然找到了灵感，原来我一直想要观测日影的长短和方位，所以在祭坛上"回"字形方框的中心竖立标杆，但是祭坛上的"回"字形方框并不是正方形，而是南北略长，东西略短，这样内外框的对角线就不在一个中心点上，所以测量日影总是找不到一个思考的方向。当我看到冬至的落日正好对应着"回"字形方框的西南角内外角的连线上，我一下子恍然大悟——原来"回"字形方框是用内外角来形成一个观测的方位角度。第二天早晨我起来观测日出，果然太阳是从东南角的连线方位升起的，我兴奋极了，如见古人。

接下来就是等待第二年的春分、秋分和夏至的到来了，我相信那天太阳一定会如预期从祭坛的那个方位升起。第二年，我的想法果然得到了验证。第三年，我又去瑶山祭坛观测，也完全与汇观山是一样的结果。

此时，我终于可以说出来，原来瑶山和汇观山祭坛是良渚人的观象台。多年来的困惑终于有了答案。

瑶山与汇观山祭坛的观测

瑶山祭坛

　　找到瑶山与汇观山的观象规律后，该如何去论证和表述呢？当我看到有关陶寺遗址等观象测年的文章中，有许多关于天文公式之类的运用，我越加感到自己是天文学的外行。一时也找不到天文学家来参与、合作，所以只好先自己学习天文观测的方法以及古代相关文献，研究天文发展史、天文仪器发展史等相关内容。有一天我恍然大悟，我觉得自己可以写有关瑶山和汇观山的观象测年文章了。因为我明白了一件事，那就是我们必须站在古人的立场，去理解和解读祭坛的功能，那才是符合科学的逻辑。如果我们用现代天文知识的公式来解释5000年前的天文遗迹，那反而违背了科学。于是我撰写了《良渚文化的祭坛与观象测年》，并在良渚文化发现70周年大会上宣讲了我的论文，我的观点得到了考古学界的广泛认同。

 一　瑶山祭坛

瑶山祭坛顶部主体部分为覆斗状结构，1987年发掘揭露出南、北、西三面，复原为三面式结构。从1987年的发掘情况看，西北部保存了较好的覆斗状石头护坡，南面虽没有保存完好的石头护坡，但祭坛的土质边界十分清楚，且向东延伸至发掘区边界，因此祭坛的主体范围应该要比发掘认识的范围更大一些。而且，从对称的角度分析，三面式的结构也显得很不合理，再参照同样结构的汇观山祭坛，我推测瑶山祭坛也应该是四面式的结构。

1996年在瑶山第二次发掘中，接第一次发掘区的东侧，布两条东西向长探沟T201和T202，T201长29.5米，T202长40米，《瑶山》考古报告中写道："揭去耕土层后，这两条探沟便暴露出平坦的山体基岩，散见一些砾石，其西端可与第一次发掘区东部的堆积情况相连。"可见从第一次发掘复原的祭坛东边向东40米都是平坦的，这很可能是经人工修整的结果。1997年下半年，在对瑶山进行了第四次发掘后，基本确认了"瑶山遗迹平面略呈长方形"的总体结构，在南、西、北三面都发现了石坎遗迹，但遗憾的是对祭坛主体部分的东面边界，仍然未能搞清楚。

2017年，因修建瑶山遗址公园的需要，在1997年发掘的基础上，通过全面揭露清理，最终确认了瑶山祭坛顶面的东部边界。祭坛顶部主体土台为长方形覆斗状结构，东西长约40米、南北

宽约 19 米，基本为正南北方向，西部有石坎护坡，西北角保存
较好，基本为原有高度，垂直高约 0.9 米。由于东面依托山体自
然基岩修凿而成，因此未见石坎，仅在南面、西面和北面有石
头护坎。在祭坛顶部距离西边约 5.6 米，距离北边约 3 米，距离
南边约 4 米的位置，以挖沟填筑的方式形成一个"回"字形灰
土方框（图 3-14），外框南北长约 11 米，东西宽约 10 米；内框
南北长约 7.6 米，东西宽约 6 米。灰土框残留宽 1.7—2.1 米，深

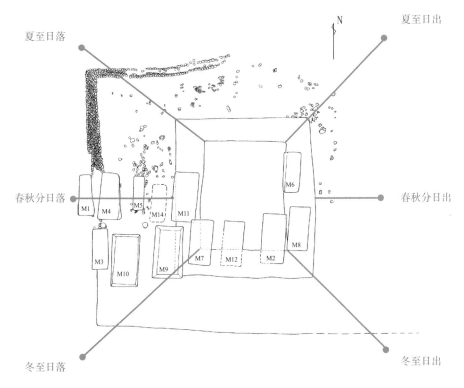

图 3-14　瑶山遗址"回"字形灰土方框四角方向

0.65—0.85 米。"回"字形方框四角所指方向，分别约为北偏东45 度、135 度、225 度和 315 度。

二 汇观山祭坛

汇观山祭坛主体部分为正南北方向，长方形覆斗状结构，东西两端呈二级阶梯状，西端阶梯保存较好，宽约 3.5 米，低于祭坛顶面约 1.5 米，高于下一级平台约 0.7 米；东端破坏较重，仅残存一段小沟，所在平面低于坛顶水平约 1 米，在阶梯上各有两条南北向的小沟。祭坛底部东西长约 45 米，南北宽约 33 米，顶面东西长约 35 米，南北宽约 27.5 米。在祭坛的顶面偏西的位置，以挖沟填筑的方式，做出"回"字形的灰土方框（图 3-15）。灰土框距离西边约 8.5 米，距离南边和北边均约 6.5 米，距离东边约 15 米。灰土框外框南北长约 13.5 米，东西宽约 12 米；内框南北长约 9.5 米，东西宽约 7 米。构筑灰土框的围沟直接开凿于基岩上，宽 2.2—2.5 米，口部较为整齐，边壁与沟底凹凸不平，深 0.1—0.6 米。经测量"回"字形灰土方框四角所指方向，分别约为北偏东 45 度、135 度、225 度和 315 度。另外在东面的围沟中有 3 个东西向的坑，其东西两端与坑底均超出了东沟的统一规格，显然是在开凿时有意设计，坑内填土与外面无明显差别，应是与围沟中的灰土统一填满，坑内未发现任何骨骸或

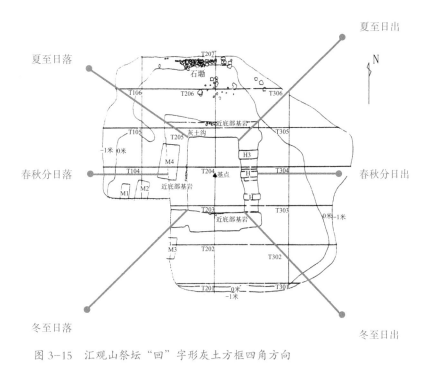

图 3-15 汇观山祭坛"回"字形灰土方框四角方向

遗物，三个坑基本将东面的围沟分为均匀的四段。

通过测量和比较我们可以看出，瑶山与汇观山祭坛，虽然在平面尺寸上略有差别，但两座祭坛所修筑的"回"字形灰色土框，四角所指方向却是基本一致的。

通过两年的实地观测，我发现，冬至日能看到日出的位置正好与两座祭坛的东南角所指方位一致，而日落位置正好与祭坛的西南角所指方位一致。夏至日，日出的方向正好与两座祭坛的东北角所指方位一致，而日落方向正好与祭坛西北角所指方位一致。

春分、秋分日的太阳则恰好从祭坛的正东方向升起，从祭坛的正西方向落下。

这样准确的规律显然不会是偶然的巧合，而且祭坛灰土框的修筑，除尺寸和角度之外，所在位置也应是经过精心设计与选定的，因为即使同样的方位角，所在位置不同看到的日出日落参照点也会不同。从瑶山与汇观山的实地观测看，如果将灰土框移位，则会因为山脉的遮挡而无法在同样的角度看到日出日落。

另外，瑶山祭坛的东北角、西北角以及正西方都恰好与远山的两峰之间的凹缺处相对应，正南方则正对馒头山的顶峰，这样的对应位置也显然应该是经过实地勘测选定的结果。经过了几千年的表面破坏，祭坛的四边可能已不像原初那样精确规范，测量时可能会有一定的误差，但今天我们仍可以利用它们，准确地观测确定一个回归年的周期，这毫无疑问向我们证实了祭坛的实际功能。

对于汇观山东面围沟中三个坑的功能，一直以来也未明究竟，现在基于对灰土框测年功能的认识，我认为其可能也是用于观测日出方位的标记，三个坑将灰土框的东面分为四段，那么每一段恰好是一年中三个月的日出方位，而中间的 H2 正好对准祭坛灰土框的中心，两点对应则正是春秋分的日出位置。

祭坛除了用于观测太阳进行测年之外，还可能用于观测月亮以及星象等，其他天体的运行规律与祭坛是否构成方位关系，这还有待于今后进一步的研究。

观象纪年的产生与发展

观测天象，了解宇宙，对时间规律的认识和掌握是人类科学发展史中的重要内涵，尤其农业的产生更是离不开历法知识。

中国是最早掌握历法的国家之一①。对于日月星辰以及物候的观察，在史书中有很多的记载。如《淮南子·时则训》中记载"孟春之月，招摇指寅，昏参中，旦尾中……鱼上负冰，獭祭鱼，候雁北……仲春之月，招摇指卯，昏弧中，旦建星中……桃李始华，苍庚鸣……是月也，日夜分，雷始发声，蛰虫咸动苏……季春之月，招摇指辰，昏七星中，旦牵牛中……桐始华，田鼠化为鴽，虹始见，萍始生"等等。这是通过观察北斗星斗柄的所指方位，黄昏时与天亮时中天的星象，以及各种物候现象等来确定年时季节的方法。关于斗建授时的记载还有很多，如《淮南子·天文训》中说"斗杓为小岁……帝张四维，运之

---

① 潘鼐：《中国古天文仪器史》，山西教育出版社，2005年。
冯时：《中国天文考古学》，社会科学文献出版社，2001年。

以斗，月徙一辰，复反其所。正月指寅，十二月指丑，一岁而匝，终而复始。"《鹖冠子·环流》中说："斗柄东指，天下皆春；斗柄南指，天下皆夏；斗柄西指，天下皆秋；斗柄北指，天下皆冬。"《夏小正》中也有类似记载。

除北斗星之外，还常常以黄昏或早晨天空中的其他星象作为判断季节的标志，火星是其中最为常见的观察对象，许多文献中都有相关记载。《尚书·尧典》有"日中星鸟，以殷仲春；日永星火，以正仲夏；宵中星虚，以殷仲秋；日短星昴，以正仲冬"，即是通过观测鸟、火、虚、昴这四颗星黄昏时处于南中天的日期，以定春分、秋分和夏至、冬至的记载。《左传·昭公十八年》有"夏五月，火始昏见"，《夏小正》有"五月……初昏大火中"，《诗经·豳风·七月》有"七月流火"等等。人们通过长期观察记录天空中星象的位置，结合太阳、月亮在天空中的运行轨迹，将一周天划分为十二次，二十八宿。

除星象之外，日月是天空中最为醒目、变化周期最为明显的天体，也是与我们人类关系最为密切的天体，因此更是直接观测的对象。《周易参同契》云："上天悬象，莫大乎日月。"在古文献中，我们可以看到许多关于日月运行轨迹的记录。如《吕氏春秋》记载："孟春之月，日在营室，昏参中，旦尾中。""仲春之月，日在奎，昏弧中，旦建星中……是月也，日夜分。""季春之月，日在胃，昏七星中，旦牵牛中。""孟夏之月，日在毕，昏翼中，旦婺女中。""仲夏之月，日在东井，昏亢中，旦危中……
是月也，日长至。""季夏之月，日在柳，昏心中，旦奎中。""孟
秋之月，日在翼，昏斗中，旦毕中。""仲秋之月，日在角，昏牵
牛中，旦觜巂中……是月也，日夜分。""季秋之月，日在房，昏
虚中，旦柳中。""孟冬之月，日在尾，昏危中，旦七星中。""仲
冬之月，日在斗，昏东壁中，旦轸中……是月也，日短至。""季
冬之月，日在婺女，昏娄中，旦氐中。"除了观察记录日月在天
空中的运行轨迹外，观测日出日落的方位以及日影的变化，应该
是天文观测的重要方面，并在观测的实践中，最终发明了圭表及
晷仪等观测工具。元代天文学家郭守敬说"历之本，在于测验，
而测验之器莫先于仪表"。天文历法的产生，应是在实地的观测
中逐渐被发现和总结出来的。

关于圭表的产生，最早应该只有圭而无表，圭起初应该只是
用不同的土在地上做出日出日落的方位标记，正像良渚文化的祭
坛那样，用灰土框标出观察的方位，这种以两种土叠加的方式，
或许正是"圭"字起源的真正含义。早期的文献中往往称"土圭"，
我认为应该就是在地上做出标记的一种称谓。《周礼·春官·典瑞》
记载"土圭以致四时日月"。表应该是在土圭的使用过程中逐渐
发现的，表的投影有两个作用，一个是可以观测太阳的方向，另
一个是通过观测日影的长度同样可以知道时间季节的变化，而且
由表影落在圭面上的位置，可以更精确地计算时间，因此才有了

圭表的结合。《考工记》记载了立表测影的方法："水地以悬，置槷以悬，眡以景，为规，识日出之景与日入之景。昼参诸日中之景，夜考极星，以正朝夕。"即在制作圭面时用水平地，在立表时用悬垂线，以保证垂直。

圭表不仅可以测定时间，还可以用来确定东西南北的方向，《周髀算经》中记载："以日始出，立表而识其晷，日入复识其晷，晷之两端相直者，正东西也。中折之指表者，正南北也。"《淮南子·天文训》则记载了另一种立表的方法："正朝夕，先树一表东方，操一表却去前表十步以参望，日始出北廉。日直入，又树一表于东方，因西方之表以参望，日方入北廉，则定东方。两表之中，与西方之表，则东西之正也。日冬至，日出东南维，入西南维；至春秋分，日出东中，入西中；夏至，出东北维，入西北维，至则正南。"这种以正东西基线为基础，确定东南、西南、东北、西北的四维，与良渚文化灰土框的定向方法十分相似，而且以表测量的方法比只用土圭的方法更为准确。瑶山与汇观山祭坛都为正方向，良渚文化的墓葬一般也为南北方向，因此我相信良渚人也应是使用这样的方法确定方向（图 3-16）。

《周髀算经》上记载了更为精确详细的立表测年方法："乃以置周二十八宿。置以定，乃复置周度之中央，立正表，以冬至、夏至之日，以望日始出也，立一游仪于度上，以望中央表之晷，晷参正，则日所出之宿度。日入放此。"

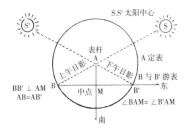

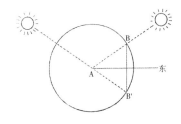

《考工记》及《周髀算经》测定方向示意图　　　　　　　《淮南子·天文训》测定东西方向示意图

图 3-16　古代测定方向的方法（转引《中国古天文仪器史》，第 72 页）

将这种测影的方法移植到一块特制的木板或石板上，中间垂直竖立一根细柱，便产生了简便而可移动的"晷仪"。目前我国发现的最早的晷仪出自秦汉时期，共有三台，一台 1897 年出自内蒙古自治区托克托城（图 3-17），一台 1932 年出土于河南洛阳金村古金镛城，还有一台残件出土于山西右玉。三件晷仪均为石质，整体为扁方体，一面刻图案，两件完整晷仪所刻图案完全一致。托克托晷仪长 27.5 厘米，宽 27.4 厘米，厚 3.5 厘米；洛阳金村晷仪长 28.4 厘米，宽 27.5 厘米，厚 3 厘米，仪面中央有一圆孔，直径 6.5 毫米，不穿透，深约为盘厚之一半。仪面有两个圆周和一个不完全的圆周，从第一个圆到第二个圆之间刻有 69 条辐射线，辐射线与外圆相交的末端各有一个深约 1.6 毫米的小孔，小孔外标有 1 至 69 的数字，余 31 分空白。两圆周之间有一正方形。正方形的四角还刻有它的对角线的延长线，把圆周又

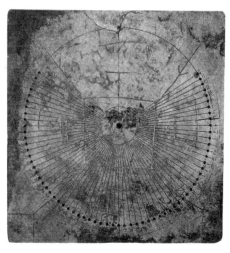

图 3-17　内蒙古托克托出土的晷仪（转引《中国古天文仪器史》，第 64 页）

平分为四等分和八等分两种。晷仪上两圆周之间的正方形与对角线延长线上的折角，以及穿过圆心的正东西南北线上的横线标记，想来正是对原先立表观测方法的一种表现（图 3-18）。四角表示了冬至、夏至日出日落的方位。69 条辐射线与 31 分空白，也正像《周髀算经》中所说的那样"夏至昼极长，日出寅而入戌，阳照九不覆三"。从这种晷仪的形态与使用方式看，都应该与良渚文化的"回"字形祭坛的测年方法有着深刻的渊源。

随着观测经验的累积与总结，这种观测太阳方位的圭表，逐渐被一种更为简便而准确的观测日中时圭影长度的圭表所代替。

最初一般是土圭木表，到汉代以后开始用石圭铜表。《隋书·天

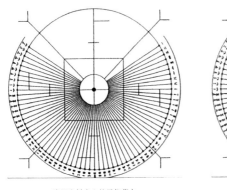
洛阳金村出土的晷仪摹本

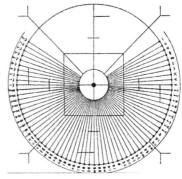
内蒙古托克托出土的晷仪摹本

图 3-18　内蒙古托克托及洛阳金村出土的晷仪（转引《中国天文考古学》，第 206 页）

文志上》记载魏晋南北朝时于梁天监年间"造八尺铜表，其下与圭相连。圭上为沟，置水，以取平正。揆测日晷，求其盈缩"。《宋史》记载："今司天监圭表，乃石晋时天文参谋赵延义所建，表既欹倾，圭亦垫陷，其于天度无所取正。皇祐初，诏周琮、于源、舒易简改制之，乃考古法，立八尺铜表，厚二寸，博四寸，下连石圭一丈三尺，以尽冬至景长之数，面有双水沟为平准，于沟双刻尺寸分数，又刻二十四气岳台晷景所得尺寸，置于司天监。"

《周髀算经》记载："周髀长八尺。""冬至日，晷丈三尺五寸，夏至日，晷尺六寸。冬至日晷长，夏至日晷短。"

《汉书·天文志》记载："日有中道……夏至至于东井，北近极，故晷短；立八尺之表，而晷景长尺五寸八分。冬至至于牵牛，远极，故晷长；立八尺之表，而晷景长丈三尺一寸四分……此日去极远近之差，晷景长短之制也。去极远近难知，要以晷景。晷景者，所以知日之南北也。"

我们虽然无法断定良渚文化是否已经发明了像周汉时期那样的移动式晷仪，或者是否已经掌握了这种更简易的测定日影长度的圭表，但精心设计建筑的良渚祭坛在使用了一段时间以后被轻易地废弃了，而且在良渚文化中期以后至今还未发现类似的祭坛，如何合理地解说这一现象，我认为只有一种可能，那就是他们一定是掌握了一种更为简便有效的观测方法，使得观象地点的选择不再那么严格而固定，从而取代了那种在山顶上建造观象台的方式。良渚文化晚期出现在玉璧等器物上的台形与鸟立在高柱上的刻划符号，似乎是一种在高台上立表的象征。这可能正是良渚文化晚期对于立表观象的一种记录[1]。

另外瑶山与汇观山两座祭坛，修建于良渚早期，其修筑年代与良渚古城及水利系统相当。这两座东西呼应的祭坛，除了观象测年的功能之外，也或许与良渚古城的规划定位与测量有关。

---

[1]　楼航等：《浙江余杭玉架山遗址》，《中国文物报》，2012 年 2 月 24 日。

贵族的住地

大观山果园下的古尚顶高地，是良渚人人工堆
筑的高台。我们似乎已经可以看到当年那片照
亮天空的篝火。

大观山下的篝火

反山、瑶山发现之后，我们常想这些贵族住在哪里呢，他们的建筑又该是怎样的呢？

1987年，为了提升104国道的等级，公路部门采取了拓宽与取直工程。104国道是杭州至南京的国道，1938年蒋介石回乡时修筑。之前从杭州往德清、湖州的道路，是从良渚镇向北经安溪，跨过苕溪大桥，穿过天目山到德清境内。古人远行多采用水路，或顺着苕溪，或沿运河。陆路一般是小路沿着山溪而行。如今在山谷中还保留下了许多古道和关隘。从瓶窑向西在百丈岭的山谷深处，就隐藏着宋代著名的独松关，《水浒传》中攻打方腊时，许多梁山英雄便是在此处伤了性命，历史和文学故事拉近了我们与古代的距离。

瓶窑的东面有一处面积广大的低缓山地，相对周边水稻田高约10米。1949年前这里叫做古尚顶，古尚顶上面有三座独立的高台，分别叫大莫角山、小莫角山和乌龟山。104国道就从古尚

图 4-1　大观山果园

顶上斜穿而过。

　　1949 年后，杭州市民政局把从古尚顶高地一直到南面约 3 公里的大观山一带的小山和高台都收归国有，建立了大观山果园（图 4-1）、杭州种猪场、儿童福利院和社会福利院等。农民原来的水稻田穿插于高地之间。在古尚顶的大莫角山、小莫角山和乌龟山之间的位置，是属于费家头和沈家村的土地。

　　以前从未想过这片山地丘陵会是人工堆筑的。直到 1987 年 104 国道的拓宽工程在古尚顶的东南角挖出了红烧土，才为我们认识这片土地带来了契机。10 到 12 月，浙江省文物考古研究所由胡继根老师带队，对这里进行了抢救性发掘。在公路扩建的

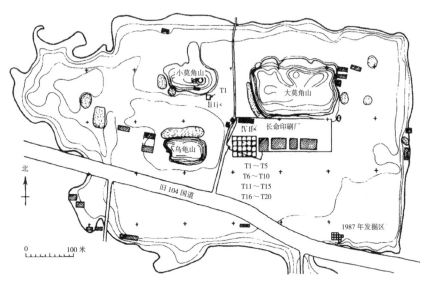

图 4-2　1987 及 1992—1993 年发掘区位置图

范围布 5 米 × 5 米探方 13 个，发掘面积 325 平方米，发现了 200 余平方米斜坡状堆积的红烧土，内含大块状的烧土。另外，从国道边施工的断面可以看到，穿过古尚顶约 800 米长的范围，在许多部位都可以看到红烧土堆积。

在发掘探方中的红烧土堆积时，还发现了一座良渚文化晚期墓葬，编号为 M1（图 4-2），这为确认高地的年代提供了确凿证据。经发掘和钻探（图 4-3），烧土堆积及其下的人工堆土总厚度达 10 米以上。这次发掘第一次让我们认识到原来良渚人曾在这处面积巨大的高地上面生活，并在此形成了如此厚的人工堆积。

图 4-3　1987 年莫角山遗址良渚墓葬 M1 出土器物线绘图

这一发现引起了国家文物局和考古界的高度重视①，张忠培、严文明等先生随即到现场考察。考古所组织开会成立发掘团队，想要大干一场。可是最终在与公路部门交涉谈判后，他们选择了改道，因此我们也失去了一次扩大发掘的机会。

对于红烧土堆积等现象，大家持有不同的见解。有些红烧土块四面都是烧火面，中间有夹心，所以有些专家认为可能有砖头了。从堆积相来看，我认为这里应该是高地的西南角，高地上原来应该有许多建筑，这些红烧土应该是建筑失火后所倾倒的垃圾。牟永抗先生坚持认为这里是燎祭的大坑。不管怎样解释，大观山果园下的古尚顶高地，是良渚人人工堆筑的高台，已成为大家的共识。

我们似乎已经可以看到当年那片照亮天空的篝火。

---

① 浙江省文物考古研究所：《良渚遗址群》，文物出版社，2005 年。此次发掘由胡继根领队。

沙子里的大木头

　　古尚顶高地被确认为是良渚人堆筑的人工高台后，这片大观山果园下的山地开始引起我们的关注。当地村民 20 世纪 70 年代在大莫角山和小莫角山之间种植水稻时，曾经在大莫角山边上开挖池塘用于蓄水灌溉。在这块比起村庄高十几米的小山上，挖下去竟然是很深的沙层，这让老百姓们感到很奇怪。80 年代，沈家村和费家头的村民自家建房时，他们就到自己村的这片稻田中挖沙。但是这里的沙子也很奇怪，是和泥混在一起的，所以一边挖还要一边用水淘洗。在挖深的地方他们发现了一根十几米长的木头，木头是加工过的方木，上面还有卯孔，所以老乡们推测这里在很久以前曾经是一片大海，这木头应该是大船上的桅杆，也真佩服老百姓的想象力，于是他们有了自己关于沧海桑田的传说（图 4-4）。

　　1992 年夏天，位于大观山果园中心大莫角山南面的长命印刷厂准备扩建厂区，王明达老师派我去进行试掘，想要看看老百

图 4-4　钟家港良渚河道内出土的大木头

姓关于沙子的传说，到底是怎么回事。我在厂区的西边挖了一条 2 米 × 10 米的探沟，结果在 30 厘米下面就发现了泥沙混筑层，里面只有很小块的良渚文化陶片。在发掘过程中也听了当地老百姓给我讲的故事。结合 104 国道边上的发掘认识，我坚信这些泥沙是良渚人搬运来的，不可能是自然的沉积。

　　试掘之后我们与印刷厂谈判，准备在他们新建厂房的位置，进行大面积发掘，视发掘结果再讨论他们是否可以建房。

发现莫角山

1992 年 9 月至 1993 年 7 月，由杨楠主持在厂区范围进行了较大规模发掘，共布 10 米 × 10 米探方 20 个，实际发掘 1110 平方米，发现良渚文化灰坑 8 个、积石坑 1 个、沟埂遗迹 1 处，各探方均发现沙土夯筑遗迹。

此外还在小莫角山南面抢救性发掘了 100 平方米，清理灰坑 3 个，亦发现沙土夯筑遗存，夯土面上发现成排柱坑。这次发掘使我们对古尚顶中心区的堆筑方式和建筑遗迹有了初步的了解。这里也因此被命名为莫角山遗址[①]。主要收获如下：

 一　沙土夯筑遗迹

遗迹主体由上下两部分组成。上部为黄褐色或暗褐色的沙质

[①]　浙江省文物考古研究所：《余杭莫角山遗址 1992–1993 年的发掘》，《文物》2001 年第 12 期。

图 4-5　沙土广场的夯窝遗迹

夯土，土质致密，分不出夯筑时的堆积小层，这层夯筑土因为20 世纪 80 年代被当地村民大量取沙破坏，已所剩无几，仅在少数探方内有残余。下部夯土由沙层和泥层间隔筑成，层数最多可达 13 层，总厚度在 50 厘米左右。各夯筑层厚度并不一致，其变化似有一定的规律性，即自上而下沙层逐渐加厚（2—8 厘米），泥层则逐渐变薄（20—5 厘米），泥层层面上发现夯窝，密集而清晰，夯窝直径一般 6—10、深 3—6 厘米。当时初步勘探该夯土遗迹分布面积达 3 万平方米以上（图 4-5）。

二　沟埂遗迹 [①]

开口于④层下，打破夯土层。揭露范围内共发现 45 条沟，

---

① 2012—2016 年莫角山发掘过程中又发现三处类似遗迹，统称为沟槽遗迹。

图 4-6　大莫角山西南部的沟埂遗迹

48 条埂，呈南北向排列，西、南边界已明确，北、东部边界未揭露，已揭露部分东西长 37 米，南北宽 18 米，揭露面积达 660 余平方米。沟槽一般宽度 30—50 厘米，平均深度 10—20 厘米，长度不详，间距约 15—110 厘米。沟内填土为浅灰色带有较多黑色颗粒且较疏松的沙质土，埂为淡黄色略硬并含大量黑色颗粒的沙质土。由于沟埂遗存的范围和相关遗存不明确，其性质尚不明了。沟埂遗存和积石坑均打破沙土夯筑层，并行的浅沟开凿于积石坑和外侧平铺的夯筑层表面，应该是古尚顶高台夯筑过程中的一种加固工艺（图 4-6）。

 三　柱坑建筑遗迹

位于小莫角山南部，共 32 个打破夯土层的洞坑。根据其形

图 4-7　小莫角山南部的成排柱坑

状和结构，判断多数为柱坑，大致分布在 12 米 ×7 米的范围内，略呈西南－东北走向。其中较大的柱坑 12 个，它们大致呈三排作东西向排列，各排柱坑间距约 1.5 米。北面和中间一排各有 5 个柱坑，南面一排仅见 2 个，柱坑间距 50—250 厘米。大柱坑的开口形状多数不规则，口径 23—135 厘米，深度大多超过 30 厘米，最深达 72 厘米。除 D6 平底未发现柱洞痕迹外，其余均有柱洞甚至辅助的柱洞痕迹。柱洞内填土为疏软的浅灰色细沙土，柱洞外侧的填土则为稍结实的淡黄色粗沙土。柱洞内疏软的浅灰色细沙土应是柱子拔掉后的淤土或是柱子腐烂后的渗透土。以此推算，最大的柱径可达 60 厘米。小柱坑口径 12—50 厘米，深 11—34 厘米，坑内填土与大柱坑一致。根据柱坑的布列和层位关系，这些柱坑应是沙土夯筑层上的建筑遗迹（图 4-7）。

这是一座台城

　　莫角山遗址确认之后，对于这座东西长 600 多米、南北宽 400 多米、相对高度 10 多米、总面积约 30 万平方米的高大土台的性质，我们有了基本的判断，这是反山等墓地的贵族们生前的居住地，成为考古界的共识。另外，在整个 30 多万平方米的古尚顶高台上，还有大莫角山、小莫角山和乌龟山三个独立的土台（图 4-8），它们到底是什么性质？和整个古尚顶高台是否是同时修筑？这许多新的问题，摆在大家面前。

　　大观山果园主要种植梨和桃子，发掘赔偿十分昂贵，所以也无法进行大规模发掘。长命印刷厂在发掘之后，进行了外迁。

　　为了对莫角山遗址有更进一步的认识，1993 年秋，浙江省文物考古研究所邀请了山东考古所的张学海老师，带领技工前来协助钻探。钻探的结果认为整个古尚顶高台均属于人工夯筑。因为山东境内也有一些类似的高台遗址，所以按照张学海先生的认识，这种应该叫做"台城"，从外面看是一座十几米的高台，从

图 4-8　莫角山高台东坡

里边看是站在高台之上，居高临下，可以起到防卫作用。大家基本上接受他的观点，因为在当时看来，潮湿环境下的江南地区，这种修城的方式再合适不过了。因此，在 20 世纪 90 年代，莫角山遗址是南方地区的台城成了考古界的普遍认识。

发现良渚古城

我们确实低估了 5000 年前的世界，在那个神王并存的年代，人类仿佛具备了超自然的能量。

环境与选址

　　杭州与余杭处在钱塘江以北，天目山脉的东缘。天目山的两条余脉像展开的双臂，形成了一个面积约 1000 平方公里的 "C" 形盆地。在盆地的中部偏北位置有一段东西长约 5 公里的独立山脉——大雄山，将盆地分为南北两部分。良渚古城就位于大雄山以北与大遮山之间的谷地中央。

　　流出山地的苕溪，在今天杭州西面的古荡、西溪湿地、仓前和余杭南湖一带形成了大面积的湖沼湿地，在余杭瓶窑的西南部与东北部，以及良渚北部的朱家荡一带，也有成片的湖沼，由于瓶窑东面羊山、乌山、凤山、雉山、前山、姜家山、黄泥口等小山的阻挡，在这里形成了一片低湿的平原。

　　苕溪在大雄山以北，分为南北两支，绕过了这一大片平原湿地，在如今余杭仁和的獐山汇聚，穿过天目山支脉的东端，向着北面的太湖流去。

　　我们设想 5000 年前，统一了长江下游的良渚之王，从太湖

图 5-1　良渚古城位置图

　　沿着苕溪，一路上行，最终选择了这片土地作为良渚之国的王城。

　　良渚城处在南面的大雄山、西面的窑山和北面的大遮山三面青山环抱的中央地带，王城中心的莫角山宫殿距离三面的山都是3公里。

　　站在宫殿高台上极目远眺，山边上有隐约村舍，袅袅炊烟。鸡鸣狗吠，鹤鸣长空。东西南数十里之外，更是隐约可见连绵不断的崇山峻岭，在这山环水绕的中心，一种安详而宁静的力量，像春雾般地升起，这里就是他们要寻找的王城之地（图5-1）。

从一片石头开始的推理

　　考古有时候就像侦探破案，从一点线索不断地追寻下去，也许就发现了真相。可是考古也往往注重挖宝，对于一堆石头或者看起来毫无价值的洪水层，又有谁会在意呢？ 2006 年，在良渚古城消失了 4000 多年以后，一次很普通的发现，让我们找到了通往这座神秘王城的大门。

　　那年，为了安置搬迁遗址核心区的农户，我在瓶窑葡萄畈村高地西侧发掘，发现了一条良渚文化时期南北向的古河道，宽约45 米，深 1 米多，河道内的淤泥里出土了大量良渚文化晚期的陶片、漆木器碎片以及小块玉料（图 5-2）。这些生活垃圾，显然是从河东岸的高地上倒下来的，我很想知道这高高的河岸到底是什么样子，是人工的还是自然的。于是利用民房之间的一小块空隙，我对河岸做了 2 米 × 4 米的局部解剖，在挖到距地表 3 米多深时发现了一层石块，这些石块散乱分布，高低不平，所以我判断这不是一个生活区的地面。刚发现石头时，已经是 12 月份了，

图 5-2　西城墙葡萄畈段发掘场景

对这一小片的石头，开始几天我也并没有太在意，本该赶快结束这次发掘了。可是每天盯着这些棱角分明的石块发呆，我想到这些石块显然应该是人工开采的。那么这些石块会取自附近的哪座山呢？它们又是怎样被运输过来的呢？

而且，石块以上的堆土，是较纯的黄色黏土，中间也没有间歇的活动面，因此这3米多高的堆土应属于短时期一次性堆筑而成。这时一个现代的知识点引发了我更多的联想：我知道现在当地在修建河堤和水库大坝时，都必须用这种山坡上的黄色黏土。那么这条压在村庄下的长条形的高地会不会是良渚人堆筑的苕溪大堤呢？

这些问题我越想越觉得有意思，常常想得彻夜难眠。为了了解石块的分布范围，寻找线索，我想到一个方法。我向当地民工打听，问他们在高地的其他位置挖井时是否也曾发现类似的石块。有两个民工反映他们在打井时挖到过类似的石块，如果这1000多米长、100米左右宽的葡萄畈高地是良渚时期人工修建的苕溪大堤的话，那该是多么盛大的工程啊。

由于葡萄畈村所在的南北向高地，位于莫角山遗址西侧约200米的平行位置，所以我推测这也有可能是莫角山遗址西侧的城墙。当我觉得这种判断的可能性越来越大时，真是非常激动，于是向考古所的曹锦炎所长、省文物局的鲍贤伦局长等做了汇报，并得到了他们的支持。在葡萄畈遗址发掘的过程中，也始终得到了良渚管委会各位领导的支持帮助，张炳火主任、王寿锟局长，严国琪和蒋卫东副局长等时常到工地看望我们，为我们排忧解难，大家也一起讨论对遗迹现象的判断。2006年12月下旬，良渚管委会又调进来一位副主任吴立炜先生，对于日后的考古与保护工作更是给予了很大的热情和无私的帮助。良渚遗址的保护和考古工作能够有今天的成绩，与这里所有人的努力都是分不开的。

找到 5000 年前的城墙

发现良渚古城

当我确认葡萄畈不管是城墙还是良渚人的苕溪大堤，但一定是一个伟大的工程时，我常常夜不能寐，内心里做出各种的推测。我几次带领郭留通、祁自力、卢希颜等技工们沿着现在的苕溪大堤往上游走，察看地形，推想着苕溪如果没有现在的大堤会是怎样的流经线路，告诉他们往哪些方向去寻找和钻探，如何辨别遗址堆积与河流沉积。

记得 2007 年元旦前夜，我住在当时反山前面的良渚遗址管理所，给我的老师张忠培先生打电话，给北京大学的赵辉老师打电话，给原来一直关心良渚的国家文物局领导、时任中国文化遗产研究院书记的孟宪民先生打电话，向他们讲述我的发现和推断，讲述我内心的激动，希望他们一定要找时间过来看看，也希望通过他们让国家文物局和当地政府给我更大的支持，允许我 2007 年开展钻探调查。也真是机缘巧合，正好张忠培先生、赵辉先生他们 1 月份要来浙江龙泉参加会议，所以答应我会后来看看。1

月 22 日，张忠培先生和赵辉先生等来到良渚，考察了葡萄畈遗址的发掘现场，他们基本上认可我的判断。2007 年，国家文物局同意了我对莫角山周边的考古调查、勘探计划。

从 2007 年 3 月开始，我们首先以葡萄畈遗址为基点，向南北做延伸钻探调查。根据前期发掘对土质和遗迹的认识，我确定了三个方面的内容作为下一步钻探寻找相关遗迹的标准：（1）这一遗迹是用较纯净的黄色黏土堆筑的；（2）黄土的底部铺垫石头；（3）黄土和石头遗迹以外是当时的沟壕水域分布区，上层为浅黄色粉沙质洪水淤积层，底部为青灰色淤泥层，靠近遗迹边缘有良渚文化堆积。根据这些标准，我们很快通过钻探确认了南起凤山，北到苕溪，宽 60 多米，长 1000 多米，与已经发掘的葡萄畈遗址一样的人工遗迹，这真是一个浩大的工程。为了进一步验证考古勘探的结果，更多地了解堆积的性状，我选择了老 104 国道北侧的白原畈地段做了 4 条探沟解剖。因为老 104 国道以北的这一段，原来的高地早就被取土修筑苕溪大堤了，石头地基以上只有约 40 厘米的堆积。通过解剖，我们进一步肯定了这一遗迹在分布上是连续的，在堆筑方式上是一致的，而且在遗迹的内外两侧都有壕沟分布，壕沟边缘普遍叠压着良渚文化的生活堆积，陶片特征与葡萄畈段所出陶片一致，都属于良渚文化晚期。当时虽然还没能确认这到底是城墙还是良渚时期的苕溪大堤，但 4000 多年前这样大的工程也足以让考古界感到震撼了。

图 5-3　西城墙白原畈段发掘场景（自西向东）

　　为了更全面地了解遗迹的堆筑情况，我选择了白原畈探沟 2 做了完全横穿的解剖，探沟的尺寸为 10 米 × 100 米，当这么大的一大片石头遗迹被揭露出来，场面的确很壮观（图 5-3）。而且在这 10 米宽的石头遗迹中间有一条约 30 厘米宽的没有石头的通道，我们推测那是当年搬运石头时留下的工作通道。探沟 2 发掘之后，良渚管委会的领导非常重视，马上决定先把老 104 国道以北的这 40 多亩地租下来用于保护和展示，并且在探沟 2 的范围先做了临时保护棚。

　　2007 年 6 月 4 日，国家文物局童明康副局长、关强司长和闫亚林处长等考察了发掘现场并听取了我的汇报，对良渚遗址的重大发现和我们的工作给予了高度肯定和鼓励。

　　与葡萄畈相关的遗迹，到底是古代苕溪的大堤，还是围绕莫角山遗址的城墙，成了摆在我们面前必须要回答的问题。记得当时良渚管委会吴立炜副主任和我说："一定是城墙，不可能是大堤，因为大堤下面是不能铺石头地基的。"虽然我也在内心里推断这应该是围绕着莫角山的城墙，但是没有最终围合之前我还是要做两种设想。但困难是我们失去了线索，因为这一遗迹的南端连接到了自然的山体凤山上，而北端则叠压在了现在东苕溪的大堤下面。

我召集考古队开会，一方面做好葡萄畈与白原畈发掘现场的后续保护工作。另一方面，我们研究地图，踏看现场，围绕着是城墙还是大堤的问题，做了各种可能性的推断。我认为如果是城墙的话，最有可能的走向就是南面沿着凤山向东，而北面可能是对着雉山和前山的位置。于是我将考古队员们兵分两路，一组在莫角山南面沿着凤山向东寻找，另一组在莫角山北面沿着对应雉山的位置寻找。南线寻找了一个星期没有结果，我决定集中力量先寻找北线。河池头村南面的东西向的河很像是护城河，我们在河的南岸钻探也没有结果（图5-4）。我想还是走群众路线吧，于是我领着考古队去河池头村访问农户，向村里的老乡打听在挖井时是否挖到过石头，一位热心的村民说挖到过，还带我去看挖出的石头，我去看了果然和我们挖到的石头类似，所以更增加了信心。

6月9日，我们在河池头村路北的高地下面钻探到了一片石

图 5-4　为寻找东城墙钻探

头遗迹，终于有线索了，像是在黑夜的茫然中看到了一点微光，我高兴极了，晚上请大家喝酒。我们沿着 6 月 9 日在河池头钻探到石头的位置为线索，向东向西寻找，就这样一个孔一个孔地钻，一个点一个点地连接。技工祁自立是个很有责任心和悟性的人，通过西城墙的钻探发掘，在对土质和遗迹的判断方面有了比较全面的认识，于是我让他总体负责钻探工作，我常常把我的一些设想和推断告诉他，由他带领技工去钻探。

6 月 19 日，张忠培先生考察了白原畈段的发掘现场，听取了我们的调查和发掘汇报，张先生兴奋地说，这个发现的意义，不亚于当年反山、瑶山的重大发现。新发现的大型石砌遗迹规模如此宏大，在中国同时期中还没有第二个，下一步的考古发掘工作要通过钻探等手段，了解这一遗迹的结构、营建过程以及其中的石头和黄土来源等问题，认识遗迹的功能，理解这一遗迹与莫角山遗址的关系。在得知良渚遗址管委会拟通过租地方式加强这一遗迹的保护时，张忠培先生称赞说，租地是一个伟大的措施，有利于考古的深入和保护工作的实施。张忠培先生还指出，遗址保护既要立足保护，以保护为目的，同时也要考虑群众利益，实现双赢。

19 日下午，我陪同张先生一起到余姚参加田螺山遗址现场馆落成典礼。6 月 23 日晚上，张先生又特意从宁波返回良渚，要在良渚住两天，再好好看看。6 月 24 日上午，张先生给我出了几道题目，要我回答下一步的发掘计划，以及今后怎样围绕莫角山、土垣（塘山）等大型遗址开展考古工作。下午在良渚管委会张炳火主任和吴立炜副主任的陪同下，我们在安溪东明山下的旅馆里开了个小型座谈会，我就先生提出的问题——作了回答，我设想如果把莫角山周边钻探一遍，把葡萄畈发现的石头遗迹搞清楚，估计需要两年时间。

发现的脚步比我原先预计的要快，9 月 28 日，我们钻探确认了从苕溪大堤到雉山 800 多米长的墙体。为了验证钻探的结果，我马上选择了西部的馒头山这一地点和村子东面比较窄的一个地段进行解剖发掘。这条遗迹的南面是一条五六十米宽的水面，北面是水稻田，所以我们的探沟向南只挖到高地的中心，向北延伸到稻田，透过解剖发现，墙体的北侧是水域范围，良渚文化晚期

图 5-5　北城墙 T2

的生活堆积一层层地向北延伸出去。石头地基以上比较好的地段保留了 4 米多高的墙体。

可这真的是北城墙吗（图 5-5）？我们又面临着同样的问题。我们找到的北城墙在接到雉山上之后，又消失了。此时还是不能排除这是古代苕溪大堤的可能性，因为这一段与北面现在的苕溪大堤还是相平行的。

从 10 月 1 日开始，我们在雉山东面设定了几条钻探的目标线路：一是沿雉山一路向东北方向，按照与现在苕溪平行的位置寻找，如果找到了，那就是苕溪的大堤；二是沿着雉山向南钻探，把雉山设定为城墙的东北转角；三是沿着雉山东面的前山向南的高地钻探，把前山设定为城墙转角。按照第一条线路，在雉山和现在苕溪大堤之间，来回寻找，一直钻探到安溪的杜城村，也未能发现可疑目标。而雉山向南的钻探同样迟迟未能发现石头的踪迹。第三条线路在前山南面的高地下面，也未能找到我们要寻找的石头地基。难道这真的是古苕溪的大堤吗？我们几乎探遍了从雉山、前山到老104国道之间的南北1000多米长的范围，直到10月17日，才终于在金家弄村北面的一块叫"外逃顶"的农田里钻探到了下面的石头。有了目标，我们迅速向南北扩大，北面连接到了雉山的东面，南面一直到小斗门村。当确认无疑这里是东城墙（图5-6）后，我理直气壮地向考古队员们宣布："这回

图5-6　东城墙墙体的解剖探沟

可以肯定是城墙而不是苕溪大堤了！"有了东西北三面之后，南面的城墙位置就容易确定了，我马上让队员们到正对着凤山与东墙的南北线去找交汇点。10月29日，我们终于在何村东面的台地下面钻探到了石头，然后迅速将线路向两端延伸，至11月5日确认了南城墙的分布范围。

至此，一个东西约1700米、南北约1900米、总面积约300万平方米的四面围合的良渚古城，已经真真切切地摆在了我们的面前。足足有四个北京故宫那么大！真的不敢相信它竟是那么的庞大，远远超出了我们以往对良渚文化的认知。

为了尽快证实我们的钻探成果，我们同时在北城墙开了2条探沟，东城墙和南城墙各开了1条探沟，进行解剖性发掘。发掘的结果证明四面城墙在结构上、堆筑方式上与生活堆积的年代上都是完全一致的。城墙底部普遍铺垫石头，上面主要用黄色黏土堆筑，四面探沟中叠压着的城墙坡脚均有良渚文化生活堆积，堆积中所包含的陶片，也都属良渚文化晚期阶段。这为证明四面城墙的整体性和同时性提供了可靠依据（图5-7）。

11月7日，我与曹锦炎所长向省文物局鲍贤伦局长汇报了良渚古城的考古发现。11月9日，鲍局长考察了发掘现场，并开始与我们筹划新闻发布会的事情。

2007年11月15日，张忠培先生到临平参加良渚博物馆新馆形式设计招标会，16日冒着小雨考察了发掘中的良渚古城的

图 5-7　城河中的出土器物

四面城墙（图 5-8）。他提出要在保护的前提下进行持续性考古，要有"百年谋略、十年设想、三年规划"，指出首先要搞清莫角山土台与现在发现的城圈以及外围土垣（塘山）遗址之间的关系。

11 月 26 日，我们邀请了北京大学严文明先生到良渚考察，严先生看了遗址发掘现场，并听取了工作汇报，对于良渚遗址的考古工作和良渚古城的发现，给予了高度评价。严先生说："良渚文化对整个中国的文明影响很大，这与这个文化发达的高度有关，现在这个城的发现更加证明了这一点。多年来良渚的工作已

图 5-8　张忠培先生在本书作者的陪同下
冒雨考察良渚古城遗址

经证明了这里是良渚文化的中心地区，这个区域有反山、瑶山、
汇观山祭坛与墓地，有莫角山 30 多万平方米的大型土台。现在
良渚古城的发现更加证明了这个认识，良渚古城是良渚文化社会
发展的一个标志，证明良渚已经是成熟的国家文明了。"严先生
还为良渚古城题写了"良渚古城文明圣地"八个字（图 5-9）。

　　11 月 27 日，省文物局及良渚管委会与我们商量，趁着严文
明先生在杭州，干脆把新闻发布会做了，因为考虑到先生们年事
已高，就不请张忠培先生等再专门跑一趟了。11 月 29 日，由浙

图 5-9　严文明先生为良渚古城题字

图 5-10　张忠培先生为良渚古城题字（右起：张忠培、
张炳火、吴立炜）

江省文物局和杭州市政府共同在良渚遗址管委会召开了新闻发布
会，由严文明先生做嘉宾，浙江省文物局鲍贤伦局长做了新闻发
布，由我做了良渚古城考古发掘与勘探的成果介绍。良渚古城的
发现被誉为"石破天惊"。张忠培先生为良渚古城的发现题写了"中
华第一城"（图 5-10）。

质疑的风波

良渚古城的重大发现被广泛报道之后，震动了考古界，引起了社会各界的高度关注。考古界的专家学者和社会各界人士，以及省内外领导，纷纷前来参观考察。杭州的热心市民们，也络绎不绝地前来踏看。杭州市科学技术协会为我组织了一场良渚古城发现分享会，那天会场的走廊里都挤满了人，许多老年人拿着剪贴的报纸让我签名，这场面让我有些感动，我第一次感觉到考古是这样接近群众，这样受到大众的欢迎。我也第一次知道杭州还有个民间的古城协会，他们向我讲述城的重要性，感谢我的发现。原来城所代表的文明，竟是这样的深入人心！

2008年初，我们组织召开了发掘现场论证会，国家文物局领导和全国有关专家们，考察了四面城墙的发掘现场，观摩了出土文物，大家一致认为良渚古城的发现，其学术意义不亚于当年发现殷墟，对于研究中华文明起源意义非凡。因为，包括我在内，大家从来也未曾敢想，5000年前的先民们会有如此规模的城市与浩大工程。后来英国剑桥大学的科林·伦福儒先生在因良渚古城的发现而写的文章中说到"被远远低估了的中国新石器时代"。

我们确实低估了 5000 年前的世界，回头想来，人类社会从10000 年走出洪荒蒙昧的旧石器时代，在距今 5000 年左右踏入国家文明的门槛。在那个神王并存的年代，人类仿佛具备了超自然的能量，因此而创造了古埃及金字塔等人类建筑史上的奇迹，良渚古城正是代表了 5000 年东方文明的辉煌。在我们考古界有句话，叫做"只有想得到，才能挖得到"，良渚的发现也由此掀起了考古界寻找古城的热潮。近年来石峁古城、石家河古城、三星堆古城等代表中华早期文明的古城陆续成为中国考古发现的亮点。

另外，良渚古城的发现，也引来了许多人的质疑与非议。一时间"良渚文化古城质疑""良渚古城，拷问学术良知"等等发难的报道铺天盖地。有的著名学者在接受记者采访时，记者问："最近发现的良渚古城您去看过吗？"他说："我不用去看就知道是假的。"良渚古城的发现确实超出了一般人的认知和原有知识框架，我们不曾怀疑 5000 年前埃及人的伟大创造，但在设想自己的祖先时却总是那么谦虚，以至于不敢相信 5000 年前真会有如此规模的城市。我常常将此例讲给学生们听，我想告诉他们，当我们面对未知事物时一定要有科学的精神和态度。

八角亭十年寒暑

　　良渚古城发现之后，良渚管委会加大了对大观山果园住户搬迁工作的力度。大莫角山东面有几幢破旧的房子，这里原先是大观山果园部分职工的住地。这块地方还有一个美丽的名字叫"八角亭"。从民国时期的老地图上看这里原来有个小小的寺庙，叫一真寺，庙前面有一个放生池，池塘边上曾经有座亭子，八角亭的名字应源于此。修建果园之后，这座庙被拆除了，在这里先是修建了两排平房，20世纪70年代又在旁边添了一排两层楼房，80年代在南面靠近池塘的位置修建了一幢2层小楼。2008—2018年，这里成为了良渚考古队的驻地（图5-11）。

　　2008年，良渚管委会将大观山果园的人搬出。我和管委会领导商量，希望能把这里作为考古队的驻地，得到了管委会的支持。时任良渚管委会主任张炳火、副主任吴立炜，以及王寿锟、严国琪、蒋卫东几位局长和良渚管委会的许多领导，对考古队的工作和生活十分关心。在他们的帮助下对这些旧房子进行了改造

图 5-11　八角亭雪景

装修，并修建了围墙。围墙内圈进了一片桃树，围墙南面用篱笆围进了一片竹林和那个池塘，池塘边长着很大的梧桐树与一棵合欢。2008年秋天，我们考古队正式从反山前面的良渚遗址管理所搬到了八角亭。良渚考古队从此开始有了自己的驻地。

搬进八角亭后，我在池塘里种了睡莲，沿着进门的路旁边种了一排玫瑰和月季，院子里原来有五棵高大的水杉树，我买了几个石柱础和磨盘放在树下。小院虽然简陋，但却充满了田园的温馨与自在。我们入住的第二年春天，便有燕子来屋檐下做窝。喜鹊也在水杉树上筑了巢，给考古队增添了无限的生机。

2009年，良渚管委会吴立炜副主任提出省考古所与管委会应该加强合作，良渚考古队应该形成一种共管模式，这样更加有利于开展工作。我们向浙江省文物局作了汇报，得到了鲍贤伦局长的高度赞同。既然是合作模式，原来的考古队和考古工作站的名称显然不太合适，我们也征求了张忠培先生的意见，最终决定用"良渚遗址考古与保护中心"的名字来命名。浙江省文物局专门下发了文件，确定共管模式，明确房屋等硬件设施由良渚管委会承担，室内生活与科研设备及考古工作经费，由浙江省文物考古研究所负责。任命浙江省文物考古研究所刘斌为考古与保护中心主任，良渚管委会马东峰为副主任。

2009 年 6 月，国家文物局在杭州召开大遗址论坛学术研讨会，公布了全国第一批 12 个国家考古遗址公园。在莫角山上举行的良渚国家考古遗址公园启动仪式上，由国家文物局童明康副局长和浙江省文物局鲍贤伦局长为"良渚遗址考古与保护中心"正式授牌（图 5-12）。

图 5-12　良渚遗址考古与保护中心授牌仪式（前排左起：鲍贤伦、刘斌、张俊杰、童明康）

工作条件与管理模式的确定，为后来良渚古城遗址考古及申遗等工作，提供了保障。十几年的精诚合作，让我们这些工作伙伴彼此也结下了深厚的友谊。

八角亭不仅为开展良渚古城的考古工作提供了生活和工作保障，也让我真正进入到 5000 年前良渚宫殿所在的同一片土地，同一片天空，去感悟和思索 5000 年前，他们的所见所感；站在同一片天地，体会春夏秋冬，风云雨雪。理解和探索，5000 年前良渚的先贤们，他们会如何设计城市？他们何以如此设计？日后的许多发现，都是在这种感悟中去寻找、去探索，从此我们才慢慢地、一步一步地走进良渚王国的世界。

2006—2007 年，我们发现和确认了良渚古城的城墙。原来发现的莫角山宫殿区，正好位于古城的中心，反山贵族墓地位于城内的西北部，凤山与雉山两个自然的石头小山，被设计到了城墙的西南角和东北角，形成了可以对望的制高点。面对 3 平方公里的良渚古城和一周 7 公里长的城墙，我们知道的还很少。有了城墙，城门在哪里？面积 30 多万平方米的莫角山高地，我们除了知道中心的沙土夯筑区与东南角的红烧土堆筑区外，其他几乎一无所知，这十几米高的莫角山高地，到底有多大范围是人工堆筑的？其上的建筑遗迹义会是怎样的？大莫角山、小莫角山和乌龟山三个独立的高台，是与整个古尚顶高地同时堆筑的，还是后来堆筑的？这些堆筑城墙的土石来自于哪座山下？古城和它北面

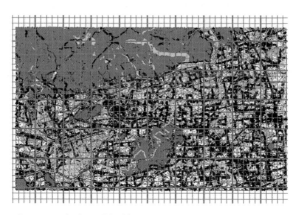

图 5-13　良渚测量控制网

那条 5 公里长的塘山水坝，又会是怎样的年代和功能关系呢？这一系列的问题摆在面前，等着我一个一个地去解决。张忠培先生催我制订百年大计、十年目标、五年规划与三年工作计划，希望我首先搞清楚古城与塘山水坝这两大工程之间的关系。

我把这个区域的测绘图和卫星遥感影像图挂在办公室，天天对着看，心里盘算着这些问题的解决顺序与途径。另外我首先要解决的是统一的编号记录问题。以前单一遗址的发掘，我们一般以最小的地名命名，采取坐标象限的方法布方编号。现在面对几十平方公里范围的良渚大遗址，我们首先要建立的是大地坐标记录体系。我派王宁远去跟北京大学的雷兴山、张海，中国社科院考古研究所的刘建国等老师们学习如何建立地理信息系统的坐标记录体系。

我们计划布设约 50 个区的测量控制网（图 5-13），包含遗址保护区及周边地区，覆盖面积约 313 平方公里。首先完成良渚古城所在的中心区的测绘记录，然后逐渐向外拓展，拟在 5 年内完成整体布控。

2008 年冬，杭州市余杭区计划建设良渚遗址公园，采取国际招标的方式，最后选择了一家德国的景观设计公司，要求我们在 2009 年上半年拿出良渚古城及其周边的遗址分布与地貌图。这为在短时间内了解良渚古城的遗迹分布情况提供了机会。2009 年初，由良渚管委会邀请陕西龙腾勘探有限公司开始勘探工作，这也是良渚一带第一次采取普探的方式进行大面积的考古勘探（图 5-14）。在用洛阳铲进行考古勘探的同时，我们也邀请了浙江大学的团队进行物探。

图 5-14　良渚古城全面勘探

考古勘探在最短的时间内解决了我们原来提出的许多问题：找出了城墙的详细边界，在四面各发现了 2 个水城门，并在南城墙的中心位置发现了一个陆城门。勘探提供了古城范围三个时期的遗址分布和地貌图（图 5-15、16、17），为理解良渚古城的规划选址提供了依据，我们对城内古河道的详细分布与早晚变迁有了比较清楚的认识。考古勘探不仅为遗址公园规划设计提供

图 5-15　良渚建城前地貌图

了依据，更为下一步的考古计划与要解决的问题，提供了线索。这缩短了我原来设想的对良渚古城的认识周期。

2010 年，我想要获得一张整个古城的完整照片，以前拍摄较大面积的正射影像图，常常用气球，可是面对这么大的良渚古城，显然无法用气球拍摄。经向同行咨询，我找到了西安大地测绘公司，那是第一次听说可以用无人机拍摄。于是 3 月下旬请西安大地测绘公司对古城范围进行了无人机航拍航测，获得了重点区域约 10 平方公里的高清数字正射影像图和配套的 6 平方公里的 1∶2000 矢量地图。这是现代科技所带来的便利与视野，我们可以在一张完整的照片上俯瞰良渚古城了。

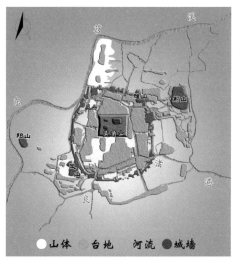

图 5-16 良渚早期城内水系与遗址分布图　　　图 5-17 良渚晚期城内水系及外郭城分布图

　　随着对城墙和城内遗址分布情况的了解，我们也开始对莫角山遗址高地进行钻探，以便确切掌握原地貌和人工堆筑的数据，但是十几米深的莫角山土台用洛阳铲很难钻探。于是我们想到现在建筑工地所用的机钻。为了更具专业性，我们找到了位于瓶窑镇的浙江省物探大队。沿着果园内部的道路共钻探了 66 个孔，机钻孔皆深入到生土层，经现场分层、详实记录后，全部钻芯予以套管保存。我们想着这些钻芯标本，将来或许可以用来做些相关研究，以及对莫角山堆筑地层做直观的展示。后来又做了 2 次钻探，总共布 21 条机钻路线，钻孔 175 个（图 5-18）。

　　通过机钻和解剖发掘，我们对莫角山的边界及堆筑过程、堆

图 5-18　莫角山宫殿区遗址钻探

积厚度有了比较明确的了解。莫角山的西部利用了原有的自然山体，人工堆筑厚度 2—6 米，莫角山的东部堆筑厚度 10—12 米，其中人工堆筑最厚处在大莫角山，厚度 16.5 米，相对周边高约 15 米，整个工程土方量约为 228 万立方米，接近古埃及胡夫金字塔的石方量（约 250 万立方米）。在堆筑莫角山时，首先以青灰色沼泽土堆筑大基础，再用纯净的黄土堆筑形成整个古尚顶土台台顶和大莫角山、小莫角山、乌龟山三座独立台基。而且基础部分的青泥堆积在三个独立台基的范围堆筑较高，这说明这三个独立台基是事先设计定位，一次性堆筑而成的。钻探基本达到了我们预期的目标，也解决了我们原先的问题。

大观山果园主要种植的是水蜜桃和梨。每当春天来临，桃花盛开，从八角亭放眼望去，就像处在花海之中。2015 年，由于修建遗址公园的需要，果树逐渐被清除，通过勘探和局部解剖，我们基本上搞清楚了莫角山宫殿区的遗迹分布情况。没有了果树的遮挡，莫角山上的视野更加开阔。在遗址展示工程没有实施之前，上面暂时大面积植草，并撒了一些金鸡菊的种子，夏秋之际，草地上一片一片的金黄色，充满草原般的野趣。

远离尘嚣的莫角山，最迷人的时光是清晨与黄昏。无论是春雾弥漫，还是冬雪茫茫，每天的清晨和傍晚，我都会登上大莫角山，在这里我可以感受到与 5000 年的一种联接。我时常会想 5000 年前的朝圣者，他们会从哪里进入古城？他们会从哪里登上莫角山巍峨的宫殿？当年的城外东西北三面环水，只有南面有着通向大观山的陆地，因此南面的大观山才会是这座王城的后花园。而杭州所在的"C"字形盆地，只有东北方向是通向长江下游太湖流域腹地的出口，所以外来的朝圣者，应该通过城的北面和东面而来，他们要穿过几百米宽的水面，才能接近王城的脚下。我想象着他们像水泊梁山上的好汉一样，一声呼啸、撑着一叶扁舟而来的情境。

在闷热的盛夏季节，站在莫角山的黄昏里，常常可以感受到徐来的东风，而走下莫角山来到附近的村庄，那种空气凝结的湿热感会迎面而来。所以，我明白了，5000 年前的良渚人，在设计王城时，除了追求天地之中以山为郭的中心之外，也还有着风水的科学。

在初冬季节的清晨，站在莫角山上，极目四望，常常可以感到仙雾缭绕，四周的村庄都淹没在晨雾之中，而莫角山却如漂浮在云上。这时我明白了，5000 年前的良渚先王们，为什么要将宫殿区堆筑到十几米高，原来这样可以避开南方冬雾的寒湿。这些考古以外的感受，是只有身处其中才会有的体验。八角亭的十年，在与古为邻、朝夕相对之间，使我对良渚有了更深的理解。

八角亭这片神奇的土地，在我寻找良渚古城、理解良渚人的生活中，给予了我无数的灵感，我感恩拥有这一切的机缘，也很遗憾八角亭在申遗前被拆除了。在 2018 年离开八角亭时，我写了如下的感想：

> 离开了，更是感觉那份心里的不舍与失落，感觉离古人远了。这些年日出日落，春花秋雨，在与古人的对话中，寻找跨越数千年同样的感受。若无八角亭，可能没那么多的考古灵感与探索中的发现。

永远的八角亭

莫角山上八角亭

五千年神王的国都

神王的圣殿

草地上鲜花盛开

参天的大树

喜鹊与白鹭的乐园

落日后生一堆篝火

鼓乐在远山间回荡

歌声在星空下流淌

早晨等待太阳的升起

朝雾如海、远山如墙

莫角山如天地的中央

十年间多少个日出日落

春风秋雨、冬雪夏阳

我们守望着五千年的魂

渐渐地我们找到了

那掩埋已久的城门

那通往八方的河

找到了山谷间的水坝

看到五千年那片圣湖

那山、那水、那人

我们看到

我们听到

我们感觉到

五千年并不遥远

就在莫角山的冬雪下

在八角亭的晨雾里

五千年在八角亭的记忆里

八角亭也在五千年的记忆里

在我们真实的生命里

在莫角山的落日中

如今只有那山那树

你非我

又怎知我的思念

图 5-19　八角亭拆迁前的合影

在八角亭的十年考古，我们不仅一步一步走进了良渚古城，走进了良渚王国的世界，也逐渐建立起来了浙江省文物考古研究所的科技考古团队。宋姝、武欣、姬翔等一批从事动物、植物、矿物研究的年轻学子，加入了我们的团队。良渚考古队，从良渚古城发现时，我一个人带领技工的孤军奋战，到王宁远、赵晔的加入，再到闫凯凯、陈明辉、朱雪菲、朱叶菲、王永磊、张依欣等年轻一辈的成长，技工的力量也不断加强，保障了良渚考古后续的健康发展（图 5-19）。

在良渚申遗过程中，良渚管委会利用原来卞家山的中联厂区，改造修建了良渚遗址监测中心与良渚遗址考古与保护中心，从而使良渚遗址考古的硬件实现了飞跃发展，达到了国际水准。

走进良渚王国

5000 年并不遥远。如果我们以 25 年作为一代人计算，那么 5000 年也只有 200 个人排在你的前面。

良渚聚落

从 2007 年发现良渚古城至今，经过十几年的考古工作，如今我们对良渚古城的功能布局、设计规划以及营建过程等内容，已经有了比较全面的认识。良渚人在规划修筑城墙的同时，对城内进行了统一的规划和建设。城内主要由人工堆筑的高地和纵横交错的河道组成。

良渚古城的中心位置是莫角山以及皇坟山宫殿区。古尚顶高台的南边为设计的中心点，从这里到四面城墙分别近 1 公里，到北面的大遮山和南面的大雄山以及西面的瓶窑窑山脚下都是 3 公里左右。如果站在大莫角山宫殿高台上环顾四周，很明显可以感受到三面环山，以山为郭和天地之中的设计理念。大莫角山正南方向对着皇坟山宫殿区的八亩山高台和良渚古城南城墙中心唯一的陆城门，向南远望高高耸起的人观山也几乎处于正南方位。大观山是大雄山群山的最高峰，山形奇特，如金字塔一般（图 6-1）。我相信良渚古城的建造者，当年在规划古城时，是以大观山为参

图 6-1 莫角山宫殿区及东面钟家港想象复原图（海宁博物馆金雪画）

照，设计了城的南北中轴线。

在莫角山宫殿区以南有一块 1 万多平方米的半岛形台地，现在地名叫池中寺，为仓储区。池中寺粮仓与乌龟山和小莫角山南北排列，构成与大莫角山中轴线平行的另一条南北中轴线。

莫角山宫殿区以西为反山王陵和姜家山贵族墓地区，王陵区与宫殿区之间被一条宽约 12 米、深约 5 米的壕沟分割。

城内其他位置基本为台地与河道间隔的地貌形态，这些台地是城内的主要生活空间，台地上的居民应该主要是从事手工业生

产的工匠。四面城墙也是居住地，发现了房屋建筑基址，从城河里的生活垃圾看，起码在良渚晚期，城墙上是住满人的，与后世城墙主要用于防御有所不同。由于城市人口的增加，在良渚文化中晚期，又形成了外郭城。外郭城也呈围合结构，在外郭以内的居住地也是由人工堆筑的长条形台地与水域间隔组成。在外郭城，除了居住之外，普通人死后也埋在旁边，在卞家山和文家山都发现了良渚人的墓地。

内 城

良渚古城城墙

一 城墙与河道

2007 年 6 月当西城墙发现之后，我设想把莫角山周边勘探明白、弄清楚到底是不是城，大概要两年时间，没想到我们仅仅用了半年就找到了其他三面城墙，最终确定了东西约 1700 米、南北约 1900 米、总面积约 300 万平方米的四面围合的城墙。几乎在城墙发现的同时，我们即对四面的城墙进行了解剖发掘。经过发掘确认了四面城墙的堆筑方式与土质基本一致，叠压着城墙边缘的生活堆积也都属于良渚文化晚期，这样不仅从现象上可以看到这是一个四面围合的城墙，而且从时间上也证实它是一个同时存在的整体，在修筑方式上也具有统一性。

2007 年，我们快马加鞭地圈定了古城的范围，但是对于城墙的细节了解还是粗线条的，甚至不知道城门，对于城内布局除了反山和莫角山之外，也知之甚少。所以 2008 年我们的工作方针就是细化和深入了解城墙结构，寻找城门。于是我们用了将近两年的时间，对城墙和城内进行了详细钻探。

城墙以凤山和雉山为起点全长约 6 公里，宽度 20—150 米的城墙，内外都有很多参差不齐的地方，类似于后来城墙的马面。良渚古城的内外马面，形态并没有统一规范的规格，宽窄长短有很大随意性，应该是沿着水边地势有意修成这样的形态。而每两个马面之间便形成了一个小小的港湾，凸出的马面则可以作为码头，外城河将这些小港湾连起来，并与外面大的水域相通。

外城河全长约 3050 米，一般宽 13—40 米，深 0.5—2 米，应该是沿着沼泽水边人工开挖形成，挖掘出的沼泽地上层的青淤泥，正好铺在了城墙基础石块的底部，起到了粘接与防渗漏作用。沿着城墙内侧，利用区域内一些原有的小河，修成了可以环绕城内的内城河，内城河全长约 6488 米，宽 5—80 米，深 0.5—5 米，其中北城墙与南城墙的内城河至今仍存。

除了沿着城墙的城河之外，在城内共发现古河道 51 条，在莫角山遗址的北、东、南三面各分布有一条主河道，呈"工"字形布局，在内城河与主河道之间开挖支河道，与主河道、内城河共同形成河道网，河道纵横交错，构成完整的水路系统。据勘探情况，这些河道以及内外城河大多数为人工开挖而成，开挖河道形成的淤泥则用来堆筑莫角山等台地的基础。城内外古河道总长

度达 31562 米，其中内外城河的总长度达 9538 米，城内其他河
道总长度达 11733 米，外郭内的河道总长度 10291 米。其中，位
于古城内南侧的东西向主河道现名良渚港，应该是利用了原来的
自然河道改造而成，神奇的是这条河道经历了 5000 年仍完好保
留至今，如果不是在现在河岸的下面发现了良渚时期的文化堆积，
真是让人无法相信。

内外城河以 8 个水城门相连，每面城墙有 2 个水城门，与内
外水系连通，水城门一般宽 30—60 米，西城墙的两座水门由于
面向苕溪，而设计得偏窄，分别宽 10 米和 20 米左右。整个良渚
古城犹如一座水城，水路交通为当时最主要的交通方式，舟楫交
通之便，可以想见（图 6-2）。

城墙南部地势略高，并未发现外城河，但在南城墙的中部设
计了一座由 3 处小型夯土台基构成的陆城门，3 处台基呈对称状
布局，互不连属，形成 4 条出入城墙的门道。

良渚古城内城墙总体都是以取自山上的黄色黏土筑成，普遍
铺垫石头地基，以现存最高的北城墙 4 米高计算，修筑城墙的土
方量约为 110 万立方米；石方量以平均 0.3 米厚度计算，总共有
约 10 万立方米的石头。如果以 3 个人一天能完成 1 立方米的土
石方计算，那么城墙的修筑约需要 1 万个人连续工作 1 年时间。
从考古发掘的情况看，城墙的修筑过程，并没有间歇的时间，如
果有较长时间的停顿，雨水的冲刷和长草的情况往往会在地层之

图 6-2 城墙城门与城内水系

间被看出来，也就是说筑城的时间可能仅仅用了几个月，这就需要同时投入更多的人力才能实现。当年那种万人齐上阵，人来船往的热烈场面，今天想来仍让人热血沸腾。

随着对城的认识，我们也更加清楚地了解良渚人选择在此建城的理念和对于自然基础条件的巧妙利用。站在良渚古城中心的莫角山宫殿区，你会感觉到三面环山，这里有一种在天地之中和以山为郭的感觉，我想这也正是当年良渚人规划城市的理念。在自然条件上，来自西面的苕溪之水，由于受到凤山、姜家山、皇坟山、黄泥山及雉山的阻挡，在这里形成了一片绿洲，正好处在南北群山与西面窑山的三山居中的位置，凤山和雉山两座较高的石头山，被设计作为城墙的西南角与东北角，利用两座山的制高点可以清楚地观察四面的城墙以及城内的情况。

但要在这片湿地上建城，城墙必须要坚固，并可以抵御雨季洪水的浸泡，因此堆筑城墙一律要铺垫石头地基，并使用山上的黄色黏土堆筑墙体。在古城选址时，就考虑了黄泥山等附近小土山的用途。我们经过对黄土成分和微结构的分析，证明北城墙的堆土主要来源于黄泥口地段的黄土山，现在苕溪边上的黄泥口村，原来应该是一座较大的黄土山，当年在取土时仅留出了苕溪岸边一条南北狭长的堤岸，东面的山体被挖掉，并形成了一大片低地。我们的考古勘探也在黄泥口村东面约 200 米的范围内找到了取土的证据，在这一区域表土以下 3—4 米深处留下了许多坑洼不平的黄土坑底，应是当年取土后留下的遗迹。

经过考古钻探和四面的解剖发掘证明，城墙的底部大部分铺垫了 20—40 厘米的石块作为基础，仅接近凤山、雉山和黄泥山的地段，由于地势较高，没有铺垫石头地基。

2011 年至 2013 年，我们与浙江大学地球科学系董传万教授合作，对四面城墙解剖点的石头与周边每条山谷的石头做了对比鉴定，证明大部分石材取自卢村北面大遮山的山谷，少量取自南面大雄山的山谷。这为我们更清楚地了解良渚人的筑城情况，提供了依据。石头地基不仅可以坚固基础，防止每年雨季洪水的侵蚀，还可以阻断墙体与地下水，避免地下水向上渗湿。这种用石头铺垫地基、用山上的黄色黏土堆筑城墙的做法，目前在中国尚属首见。

一般的城墙做法都是直接挖城河，以城河的土来堆筑墙体。良渚古城之所以采用这样的筑墙方式，是因为他们选择的建城之地，是在沼泽地的基础上，沼泽地的下面主要是粉沙性的沉积土，缺乏黏性和牢度，因此不适合修筑城墙，每年的洪水期也使他们知道山坡上的黄色黏土有着很好的抵御性和牢固度。直到现在当地的人仍然知道，修建水库大坝和加固河堤时还必须要用山上的这种黄土。5000 年沧海桑田，而良渚人的智慧仍然得到留存。

二　宫殿与宗庙

 莫角山宫殿

王城规制

莫角山宫殿区（图 6-3）位于古城中心，基础高台原称古尚顶，西边与姜家山之间用了一条宽约 12 米、深约 5 米的沟进行分割。土台的四至边界十分整齐，土台的整体形制为长方形覆斗状，台底东西长约 630 米、南北宽约 450 米，台顶东西长约 590 米、南

图 6-3　大莫角山宫殿建筑想象复原图（海宁博物馆金雪画）

北宽约 415 米，面积近 30 万平方米。高台顶部的基本平面海拔高度约为 12 米，东部的人工堆筑层厚度 10—12 米，西部的人工堆筑层厚度为 2—6 米，土方量约 228 万方。在古尚顶高台的上面，再堆筑起三个独立的台基，现在分别被称为大莫角山、小莫角山和乌龟山。

大莫角山位于古尚顶高台的东北部，台底东西长约 175 米、南北宽约 88 米，总面积约 1.5 万平方米；加上围沟部分，东西长约 180 米、南北宽约 110 米，面积约 2 万平方米，呈长方形覆斗状，海拔高度约 18 米，人工堆筑层厚度约 16.5 米，相对最

图 6-4　大莫角山南坡围沟底部及台基基础部分的纵横木头遗迹（自西向东）

高度约 6 米。大莫角山的南面和东西两面，在最初堆筑青淤泥时就留有围沟，围沟宽 4—15 米，深 0.6—1.5 米。通过钻探和解剖发掘获知，在用取自沼泽的青泥堆筑整个古尚顶的基础部分时，就将大莫角山宫殿台基的范围预先堆筑得高出其他位置 2—3 米。在大莫角山台基边界解剖时，在台基底部的青灰土面上，发现了纵横交错的方木痕迹，推测大莫角山土台在堆筑到青淤泥顶部时整个铺垫了一层木头，起到加固平衡的作用（图 6-4）。在大莫角山土台边缘和顶部也都发现有木头痕迹，因此我们推测当年大莫角山的顶部应该铺有木头地面，而边缘应该

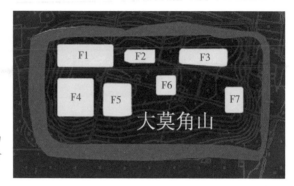

图6-5　大莫角山顶部的房屋台基分布平面图

是有木头包裹的。

　　通过2013—2015年三年的考古工作，在大莫角山上发现良渚文化时期房基7座（图6-5），略可分为南北两排，面积300—900平方米不等，房屋基础一般呈台状，高于周围地面约0.5米，在房基土台边缘一般可见红烧土遗迹。

　　小莫角山位于大莫角山西侧，东面距离大莫角山80余米，台底东西长约90米，南北宽约40米，面积约3500平方米，海拔最高处17米，相对高度约5米，人工堆筑层厚度约6米。在小莫角山顶上共发现了上下两个时期的房屋建筑遗迹，其中上层有3座房屋遗迹。

　　以F17为例，房屋台基呈东西长17.7米、南北宽12.7米的长方形，顶部海拔约17米，面积约220平方米。可分东西两室，分别为F17-1、F17-2，两室四面均有基槽，其中两室北侧的基槽连通（图6-6）。房址被一些汉六朝时期墓葬和近现代坑打破。
F17-1呈东西、南北各长约9米的长方形，面积约81平方米，
基槽宽0.6—1.45米不等，西部基槽内共发现柱坑8个，推测是
墙内立柱。F17-2东西长6.65米，南北约8.5米，面积约56平
方米。北部基槽和东部基槽内各发现柱坑2个和1个，推测是
墙立柱，房址东北部存有一处缺口，推测是与F17-1相通的门道。
在西部基槽的中间存在一条残宽约1.1米的缺口，推测是F17-2
的东门道，门道内发现柱坑两个，可能是门柱。室内均未发现

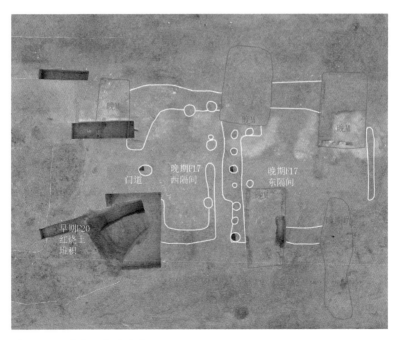

图6-6　小莫角山上层房屋F17

灶坑等生活遗迹。

还发现有一座被 F17 和 F18 叠压着的早期房屋，可见宫殿房屋有失火重建的现象。

乌龟山位于小莫角山南侧，距离小莫角山 80 余米，台底东西长约 130 米，南北残宽约 67 米，面积约 8500 平方米，海拔高约 16.5 米，相对残高约 4 米，人工堆筑层厚度约 7 米。乌龟山顶部在 1958 年种植果树时被挖掉约 1 米多，因此考古未能发现遗迹。

通过解剖发掘和钻探，我们知道古尚顶高台的修建，也是先取城附近沼泽地的青淤泥堆筑基础部分，在堆筑青淤泥基础时，就预先将大莫角山、小莫角山和乌龟山的三个台基位置凸出加高，这说明在堆筑之前，就对台上建筑的功能与形态进行了定位设计，然后依图而建。当青淤泥堆筑到一定高度后，再整个用取自山上的黄色黏土堆筑。这三座独立高台上的建筑也许是当年的宗庙祭祀场所。

除了大小莫角山顶上的房屋遗迹之外，我们在古尚顶基础台基的表面还发现了 24 座房屋遗迹，主要分布于南部、东部以及北部边缘。这些房屋很可能是贵族的居所。

沙土广场主要分布于大莫角山南部区域及三个土台之间，采用一层沙一层泥的混合夯筑法。沙层起到了透水、坚固以及雨天防粘的作用。大莫角山南面的沙土广场堆积较厚，一般为 0.8—1.3

米，这里应该是当年举行仪式的重要场地。

2007 年，围绕莫角山遗址的良渚古城发现以后，对于莫角山遗址的位置和功能有了清楚的认识。莫角山是一座与大环境一起经过整体规划设计的巨型土台。莫角山西部的姜家山原是一处自然的土山，而莫角山东部原为沼泽，良渚人没有把莫角山土台全部设计在自然土山上，而只是利用了山体的东边缘，并把东部的沼泽地堆高了十多米，这使整个土台的工程量增大了四五倍，这样做的意图显然是为了把莫角山设计在古城正中心，以彰显它独特的地位。这暗合了后世文献所推崇的"古之王者，择天下之中而立国，择国之中而立宫"（《吕氏春秋》）的宫室规划理念。

莫角山底部基础青淤泥的来源，应主要取自城的东面与北面。经过取土之后，在城的北面和东面形成了大面积的人工水面，人工水面与原来周围的自然水域相连接，使良渚古城外围的水域面积更加开阔，这更增加了良渚古城的安全感、神秘感以及大环境的优越性。可以想见，当年有人站在高出城外约 20 米的宫殿楼台上，放眼远处，青山绿水，心中一定充满豪迈与悠远之情。

● 皇坟山宫殿区

皇坟山宫殿区在莫角山宫殿区南面，总面积达 24 万平方米，是由一系列人工营建的高地组成。其南部区域面积约 8 万平方米，海拔高约 8 米以上，堆筑厚度达 8—10 米。经考古发掘发现，这一区域主要是居住地，因此我们推测这里应该是城内贵族和统治者居住的地方，可以说是莫角山宫殿区的后花园。

其北部区域突出一座相对独立的高台，当地人称之为八亩山，东西长约 170 米，南北宽约 70 米，面积约 12000 平方米，海拔约 18 米，堆筑最厚处 16.5 米，与大莫角山高台南北遥相呼应，而且其平面规模与海拔高度也与大莫角山相类似，因此我们推测这是一处与大莫角山同等重要的宫殿或者宗庙。八亩山目前尚未发掘，因此，对于其上的建筑遗迹尚缺乏了解。

八亩山台基与古尚顶宫高台之间有一条南北向人工营建的通道，南北长 130 米、东西宽 60—80 米，人工堆筑厚度约 10 米。

从八亩山向南基本与南城墙的陆城门对应，其正南方远处与金字塔般的大观山对应，我们相信这是良渚人规划设计的一条南北轴线。

三　废弃的码头

住在八角亭，我常常会想，良渚人当年是从什么位置登上宫殿高台的？东西 630 米、南北 450 米的古尚顶高台，是十分规整的长方形，其西面的中部是往西凸出的高台，当地称为姜家山，姜家山的高度与古尚顶相似，其南北地势较低，而与古尚顶高台之间有十几米宽、一米左右深的洼地，我想这也许是人工开挖的界沟。2012 年上半年经发掘证实，古尚顶高台与西面的姜家山之间在良渚文化时期有一条宽约 12 米、深约 5 米的河沟相隔，西北角和西南角变宽，形成两道河湾，与内城河相通。我想良渚人如果从南面划船进入古城，那么西南角是最接近宫殿区的位置，于是我决定在这个位置进行发掘，以搞清楚古尚顶西坡与姜家山高地之间的关系。

2013 年，我派徐有秀负责这个区域的解剖发掘，老徐是个很细心而善于思考的人。当西边的探方挖下去 4 米多深时，发现这里是一处河边码头遗迹，果然应验了我们的推测。当在靠近古尚顶的岸边解剖时，发现了草裹泥的堆积层（草裹泥在良渚被广泛应用，一般是在沼泽上取土，用茅荻等包裹土块，再用竹篾条进行绑扎固定），并在草裹泥堆积的下面，露出了一块竹编的痕迹，于是我让徐有秀沿着竹编向里解剖，我想这也许是通往古尚顶宫殿的路（图 6-7）。

由于埋藏较深，草裹泥的结构与外部包裹的草保存较好。草裹泥所包裹的主要是青泥，因此当发掘区域的平剖面铲光之后，草裹泥的颜色呈现明显的分片差别，每一片的色块有明显差异，每一大块草裹泥的体积大约为 1.5 米 × 1.5 米 × 2 米。后米发掘的老虎岭水坝的草裹泥结构也大致如此。我当时想到了一种劳动的场面，那是一排排的人站在那里，将船上的草裹泥传递上来，由

图 6-7　古尚顶西南角码头草裹泥出土现场

最上面的人就近垒砌。

　　由此我也想到了一个问题，于是我想考考大家。我说这一片片不同区块的草裹泥，背后反映了哪些问题，请大家说说看。结果没有一个人说到我想到的问题，我说，我想到了当年草裹泥是从四面八方运来的，由于制作取土的地点不同，所以草裹泥的颜色便呈现差异，而这样一整块，这是一条船运来的，应该反映了当时船的载重量。后来王宁远推算出这大概是一个竹筏的载重量。我再次想到张忠培先生常说的"被材料牵着鼻子走"的科学思维。良渚古城的考古也训练了我的科学思维。

　　当发掘到草裹泥堆筑层底部，在河道淤泥层表面，发现了三块延续铺垫的竹编（图 6-8），总长 6.9 米，宽 1.2—1.5 米，竹片由细竹子编成，尺寸略有差异，编织方式也稍有不同。以保存情况较好的竹片 2 为例，其位于三个竹片的中间，长约 227 厘米，

图 6-8 古尚顶西南角码头河边出土的竹编遗迹

宽约 150 厘米，由 40 根纵向的长竹子和 5 组横向的短竹子穿插编成，其中纵向竹子略粗，直径约 3 厘米，每组横向竹子由 9 根小竹子并排构成，直径约 2 厘米。这样一块竹编的尺寸与编制方法，与今天建筑工地所用的竹编几乎是一样的。

在竹片两边及竹片之间发现木桩组成的木构遗迹，竹片与木桩之间没有打破关系，在清理竹片的过程中，我们发现在竹片与草裹泥之间不见淤泥，竹片铺设后不久就被草裹泥覆盖了，因此这三块竹编是良渚人当年在施工时，在河边泥地上铺垫的通向古尚顶高台的路。这些木桩底部削尖，插入河边淤积土中，木桩

图 6-9　木桩组成的木构遗迹

顶部还发现榫卯结构相连的横向木桩（图 6-9），制作相当考究，且间距适中，通过解剖木桩可知草裹泥叠压着木构遗迹。所以当时推测木构遗迹可能为栈桥码头。

2015 年，为了解木构遗迹的走向和功能，我们又进行了扩方发掘，木构遗迹的东部和北部均有延伸，而不是像栈桥码头一样一直有规律地向东延伸。新的发现使我们认识到，这些木构遗迹应该是在草裹泥堆筑过程中起到加固和整体连接作用的。这样的网箱状的加固结构，在今天建筑的加固工程中仍然常常使用。这不由得让我们对 5000 年前的良渚人又多了一份了解与敬意。

2013 年古尚顶西南坡的发掘，使我们对草裹泥的堆筑工艺有了进一步的了解。单块草裹泥一般长 40 厘米，宽 10 厘米，厚

8厘米，平均重6公斤，草裹泥内部为取自沼泽地的淤泥，外部则以茅草或荻草包裹而成，具有便于分工协作、标准化预制、搬运装卸方便和垒筑牢固等优点。经过勘探古尚顶的南坡及古尚顶以东区域也都发现有大量草裹泥分布，说明草裹泥作为一种建筑工艺或者重要的建筑材料被广泛地运用到当时的大型工程中来。这种预制的建筑材料，解决了大型建筑工程中分工协作的问题，为我们理解像良渚古城及水利工程这样的超大型工程提供了依据。

古尚顶西南坡发掘区（图6-10）地层统一划分为11层，第11至4层均属良渚文化，其中第11和第9层为良渚文化较早阶段的河道淤积土，第10、8层为草裹泥堆筑层，第11层至第8层出土少量陶片，以泥质和夹砂灰陶为主，器型主要有鱼鳍形足鼎、折盘豆、罐等，初步判断年代与反山墓地早期墓葬相当，属良渚文化早期。因此莫角山宫殿区的最初修筑年代应该与反山墓地的年代一致。

第7层为较晚阶段的河道淤积层，第6层为生活废弃堆积，第7、6层出土的陶器有"T"形足鼎、鱼鳍形足鼎、宽把杯、实足鬶、鬶、圈足罐、细柄豆等，属良渚文化晚期前段。

第5C层为人工堆筑层，第5B、5A、4层为生活废弃堆积，第5至4层夹砂红陶增多，器型有鼎、圈足盘、细柄豆、捏口鬶，最为突出的变化是侧扁足取代"T"形足成为最流行的鼎足形态，其年代相当于钱山漾文化阶段，属良渚文化晚期后段。

古尚顶西南坡良渚文化早期遗物

古尚顶西南坡良渚文化晚期前段遗物

古尚顶西南坡良渚文化晚期后段遗物

6-10　古尚顶西南坡出土部分遗物

四　国家的粮仓

在莫角山宫殿区与皇坟山宫殿区之间有一块面积 1.2 万多平方米的台地，台地周围原来是水面，有一条人工堆筑的南北通道连接宫殿区，当地人有一个很恰当的名字来称呼这里——池中寺。1958 年，杭州市民政局在这里修建了杭州市儿童福利院，收养孤儿。

良渚稻作

2017 年，儿童福利院搬迁后，我们对该遗址进行了考古勘探和发掘，在厚约 2 米的黄褐色堆筑土下面，发现了堆积厚度达 1 米左右的炭化稻米堆积层，堆积范围 1 万多平方米（图 6-11）。经测算，稻米

图 6-11　炭化米标本

层的总体量约 6000 立方米。根据勘探取样所获得的稻谷平均密度（1 立方厘米的土中包含稻米粒数）为 2.17 粒，我们以此换算出稻米的颗粒总量，又以每千粒稻谷重为 15 克（现代稻谷千粒重为 18—34 克）计算，我们测算出池中寺稻谷堆积的总重量约为 20 万公斤。因此我们获知良渚古城当年的粮食储备。

图6-12　池中寺周边格局

这些稻谷堆积是当年粮仓失火造成的废弃堆积，从解剖发掘可以看出，堆积中只有稻谷和绳子，部分稻谷还保留了稻穗的形态。在粮仓失火之后，这里填筑了约2米厚的黄土，从而形成了现有高地的形状。在池中寺（图6-12）台地中部所发掘800平方米的范围里，在黄土堆积层表面，发现3座良渚晚期的房屋遗迹，单个房基面积为300—500平方米，从而证明良渚晚期这里已经成为了居住地。

中国长江下游是世界水稻的主要起源地，在距今约10000年的上山文化的陶器中可以看到稻谷壳是主要的掺合料，证明人们当时已经开始种植水稻。在距今约7000年的河姆渡文化和马家浜文化遗址中，都发现了水稻田遗迹。

2010年，在杭州余杭茅山遗址发现了良渚文化晚期超过5000平方米的大型水稻田，田块宽20—30米，长约100多米。2020年，在浙江余姚施岙遗址发现了河姆渡、崧泽和良渚三

图6-13　余杭茅山遗址出土石犁

个时期的大面积水稻田，面积有十几万平方米，具有网格状的田埂道路与灌溉系统。这些考古发现证明在良渚文化晚期农业的生产力水平已经十分发达。从良渚文化出土的石犁和石镰看，其形制与现代的犁和镰几乎一致（图6-13）。由此可见五千年文明一脉传承，也为我们理解良渚古城的粮食储备提供了直接的相关资料。

另外，在池中寺的东侧，有一条连接皇坟山、池中寺和莫角山宫殿区的人工营建的堤道，南北长约220米，宽约20米。该堤道在莫角山、皇坟山和池中寺之间形成一处面积约34000平方米的大型蓄水池，在这一区域未发现生活垃圾，因此我们推测这里应该是城内宫殿区的重要生活饮用水源地。

贵族的葬地

1986 年，浙江省第一次发现了随葬玉器的良渚文化贵族墓地——反山，2007 年良渚古城发现后，使我们明白原来这座王陵级的贵族墓地就位于城内的西北角宫殿区的边上。

2015 年冬，我们在位于莫角山宫殿区西侧的姜家山又发现了一处与反山同时期的贵族墓地（图 6-14），它正好处在反山的正南方，距离反山约 230 米。姜家山西坡在南宋时期破坏严重，表土以下多有厚薄不均的宋代生活堆积。在一座宋代建筑遗迹的

图 6-14　姜家山墓地总平面图

边上，散落着一些韩瓶，我想这里或许是 800 年前亭市镇外最东边的一间酒肆。良渚古城的废墟像高低起伏的山丘，荒野森森，上面埋葬着许多的宋代及以前的墓葬。想象着这情境，让我想起武松走上景阳冈的样子。

姜家山发掘共清理了 14 座良渚墓葬，它们大致呈三排分布，共出土随葬品 420 件组，包括玉器、石器、陶器、骨器等，以玉器为主。从出土陶器、玉器的形制判断，其年代与反山墓地相当。

与反山不同的是，姜家山墓地是一处贵族家族墓地，而反山、瑶山应该是职业墓地。从随葬品看，姜家山最高等级的男性墓 M1（图 6-15），介于反山 M17 和 M15 之间，仅高于反山 M18。

M1：62 陶鼎

M1：2 冠状饰

M1：3 三叉形器

M1：13 成组锥形器

M1 玉璧

M1：26 玉琮

图 6-15　姜家山 M1 出土文物

图 6-16　姜家山 M8 全景

此外，墓地中 M6、M2、M8、M4 等级也较高，另外也有随葬品较少的普通人和小孩（M5、M11）的墓葬。姜家山家族墓地的等级虽然无法与反山相比，但是墓地的位置，或许反映了这个家族与反山的密切关系。

另外，姜家山墓地与一般良渚文化墓葬相比还有一个明显的特点，就是墓葬的头向有许多向北。姜家山的男性墓与女性墓除了依靠随葬品推断外，主要以头向来区分，男性墓均头朝南，女性墓除 M7 外均头朝北，男女墓葬交错分布，与瑶山、反山墓地有很大差异，这些发现充实了我们对良渚文化时期贵族墓地布局的认识，为研究当时的家庭情况、家族组织提供了新的资料。

M8 位于 T2135 的西北部，其东部为 M14，南部为 M6，位于墓地中间一排（图 6-16）。M8 开口于②层下，打破生土，长方形土坑竖穴墓。墓坑内填土为灰褐色花斑土，夹红褐色土，含少量烧土颗粒。墓内有人骨架 1 具，保存极差，仅能分辨出头骨、肋骨和两侧胫腓骨，头向朝北，面向、年龄皆不明。根据出土的玉璜、玉纺轮、过滤器推测其为女性墓。

该墓随葬文物 67 件（组），以单件计 94 件，按质地划分，包括玉器和陶器。其中玉器 59 件（组），以单件计 86 件，包括玉璧 1 件、玉璜 2 件、玉镯 1 件、冠状饰 1 件、玉纺轮 1 件（图 6-17）。M8 是姜家山墓地随葬品最丰富的女性墓葬，在姜家山所有墓葬中也仅次于 M1 和 M6 两座男性墓葬。

墓葬是研究古代社会的主要材料，是现实生活中社会组织、等级制度、生产生活、宗教信仰等的对照反映。良渚人十分重视丧葬，一般是整个氏族集中埋在一个墓地，墓地多是埋在人工堆筑的高地上，或者有少数埋在居住地的边上。墓葬大部分头向南，绝大多数墓葬都有陶器、石器等随葬品，陶器一般是专门为随葬而制作的明器，多以鼎、豆、罐、壶为组合。个别有随葬狗和猪的现象。在一个墓地中往往有少数几座地位较高，墓主人应该是氏族首领，没有随葬品的墓葬也很少，说明良渚是一个比较均等的社会。

根据良渚文化墓葬的材料，我们至少可以将良渚的社会分为四个以上的等级。而墓地则是社会组织的主要体现。相对良渚文化中社会基层的氏族部落，从墓葬随葬品和墓地位置看，姜家山墓地显然属于一个高贵的家族。

而反山、瑶山、汇观山等墓地，则明显是一种职业性的墓地，这一个墓地的十几座墓葬，我认为应该是一代统治集团的核心人物，这些墓葬在墓地中的位置，应该是他们生前在统治集体中的座次的一种反映，当下一代王产生之后，便会另外营建一处墓地。

M8:32 玉璧

M8:30 玉镯

M8:55 圈足罐

M8:8 璜与管串

M8:15 冠状饰

M8:54、63 甑鼎

M8:54 过滤器

M8:53 豆

图 6-17　姜家山 M8 出土文物

从对不同墓地的分析，我们可以看出一个聚落中的群体组成。从最高等级的反山、瑶山等墓地的分析中，还可以看到统治集团的构成模式与内部分工。陈雍先生在《解读良渚文明》[①]一文中，把良渚古城及周边遗址群分成不同聚落片区，根据墓葬等级，将良渚人的聚落分成四个层级，以期解读良渚社会组织。通过对良渚城布局结构分析，提出了"井"字形路网及中心宫殿区所形成的二元对立的社会结构，与反山、瑶山等墓地以随葬品研究为基础所显示的墓葬分两组的现象是一致的，并参照商王朝及玛雅文明等考古材料，提出了良渚的统治集团是由两个主要执政群体共同组成，实行轮流执政的良渚早期国家统治模式。陈雍先生的研究为我们理解良渚社会与统治方式提供了一种具体方案。

姜家山墓地的发现使我对良渚城内的布局有了更深刻的领悟。宫殿区的西侧是一条人工挖出来的壕沟，在宫殿区与墓地区形成一道界线，一水之隔，东西相望。我相信良渚先王们设计的归葬之地，正体现了他们对于宇宙和生命的理解。东与西，日出与日落，白天与黑夜，就像生与死，生者居东位，而死者居于西方。

通过这一发现，再思考以前发现的瑶山、汇观山等墓地，墓葬为什么集中分布于祭坛的西南部，也似乎有了合理的答案。人生如同草木，春夏秋冬，枯荣轮回。祭坛的西南位置，正是冬至

---

① 陈雍：《解读良渚文明：中国早期国家形态特征及其研究路径》，《南方文物》2021年1期。

日落的方位。一年的终结，也是一年的起始，往复循环，生生不息，以至于无穷。

莫角山的发掘中，除了良渚文化的遗迹之外，还发现了许多宋墓与汉六朝墓葬。因为自从4000多年前良渚人离开这里，这片位于杭州的1000多平方公里的盆地，便淹没在一片汪洋之中，沉寂了2000年之后，汉代人才又开始在这片土地上繁衍生息。不过依水而居的江南人，一般不会到远离河道的高地上居住，因此莫角山等良渚人留下的高地，便成为附近居民理想的墓葬之地。

回望5000年，沧海桑田，良渚人曾经的辉煌，一直被沉埋于地下，好像从来没有发生过一样的遥不可及。可是如果形象地推想一下，又觉得5000年也并没有多么遥远。因为如果我们以25年作为一代人计算，那么5000年也只有200个人排在你的前面。因此在发掘姜家山的当晚，我写了一首诗记录当时的感受。

五千年并不遥远

当个人的生命
与人类的生命融合
五千年也许并不遥远

穿过那间

宋代酒肆的残垣断壁

从汉代人的墓地前经过

我们便可以望见

那片五千年前的篝火

生命仅仅是一次次的路过

经历了两百次的传递

我们便可以亲临

那良渚圣王的殿前

年轻的国王

如天神般的威严

丝袍飘舞

羽冠如仙

左手握着玉钺的权杖

右手举着嵌玉的白旄

远山环抱的王城

宫殿层叠而巍峨

白鹭在屋顶上翱翔

城垣上旌旗飘扬

长空中鼓声回荡

五千年依稀如梦
仿佛只是昨天
回首山河依旧
白鹭如前⋯⋯

六　临河的工坊

良渚古城城内除宫殿区和贵族墓地区外，多为人工堆筑的高地，相对高度 1.5 米左右，这些高地一般呈长条状与古河道相间分布，形成沿河而居的建筑与生活模式（图 6-18）。

早期台地主要分布于莫角山北侧、南侧，主河道及内城河两

图 6-18　钟家港南段台地显示出夹河而居的聚落格局

岸，多利用自然地势堆筑而成，台地四面多有河道环绕。早期城内的地貌大约有 30 多处水陆相间的台地。随着时间的推移，许多小河道被生活垃圾所填埋，有些地方又重新在垃圾层上铺垫黄土，形成新的生活区。因此在良渚晚期，城内的临水台地数量减少到不足 20 处，可供居住的陆地面积比早期扩大了许多。另外晚期由于人口数量增加，在扩大居住地的同时，四面城墙上也居住了大量的人口，因此内外城河里留下了大量的良渚晚期的生活堆积。

2015—2018 年，我们重点发掘了莫角山宫殿区以东，大致呈西北 - 东南走向的钟家港古河道（图 6-19）。钟家港总长度约

图 6-19　钟家港古河道发掘位置示意图

1000 米，宽 18—80 米，深约 3 米。河道两岸分布着许多良渚时期人工修筑的台地，在台地上生活的人们直接在河边倾倒生活垃圾，因此河内堆积中有大量的陶片等遗物，加上淤泥沉积，最终使河道逐渐变窄变浅。在良渚文化晚期阶段，这条古河道中段莫角山宫殿区以东部分逐渐被填平，并形成一片从莫角山一直延伸到东城墙的大台地。作为城内南北交通的功能虽然逐渐失去了，但是河道所在位置仍然是低洼地，一条联通南北的排水沟渠一直保留到了现在。

我们在城内河道以及城河的堆积中，除了发现大量生活中废弃的陶片等垃圾外，在许多地段的发掘中都发现了碎玉料和加工玉器的燧石以及磨石等，另外还有加工石器的钻芯、半成品坯料等等（图6-20），据这些出土遗物我们可以

燧石料与燧石工具

玉钻芯

石钻芯

骨镞

图 6-20　钟家港出土遗物

判断，当年良渚城内，除了宫殿区和贵族居住地、墓地外，沿河而居的居民，大多应该是从事手工业生产的工匠。此外，以前发掘的属于良渚古城外郭部分的卞家山遗址、文家山遗址等，也都有加工玉石的废料等出土，可见居住在外郭城的居民与城内的居民身份应该是相似的。

在卞家山、钟家港等河道的发掘中，发现了许多处木构护岸遗迹，一般用直径约 15 厘米的木桩等距离打在岸边（图 6-21），木桩内侧往往有护土的竹篱笆。在有些保存较好的地段，木桩顶端还发现了横木。从这些修建考究的护岸，我们也许可以想见当年良渚城内工程设施的精致与规范。

6-21　钟家港木构护岸遗迹及其细部

● 大木料

图6-22 钟家港良渚河道内出土的大木头

钟家港中段在靠近莫角山宫殿区东北部的位置。通过考古发掘了解到，此段河道在营建莫角山宫殿区时，有比较宽阔的水面作为来往船只运输的码头，当莫角山宫殿建成之后，再把有些水域用草裹泥填筑起来。在河道西侧的底部，发现了一些大型的木料（图6-22）。有的已经加工成方形木料，并且做好了榫卯，也有还未经进一步加工的圆木。这些木料应该是修建莫角山宫殿时的备料，但是由于没有用完，所以被放置在了河边。从加工成为方木的两根木料看，大约有14米长，由此我们可以想见莫角山上当年宫殿的雄伟壮观。

外郭城

一　外郭城概况

2007年发现良渚古城，从2009年开始，我们陆续对良渚古城外围进行考古勘探。经过勘探与解剖发掘，以及遥感图像分析，我们发现良渚古城北面的扁担山、和尚地与东面的里山、郑村以及南面的高村、卞家山等长条形台地呈围绕古城的外郭城形态分布，外郭与内城之间，分布着周村、美人地等人工长条形台地，台地之间为水域河道，构成一派江南水乡临水而居的居住模式。

在外郭城（图6-23）的规划中，雉山东面的前山被巧妙地利用为城墙的东北角。西南面从凤山外围与张家墩、阳山等自然高地连接，西北部由于考古受到瓶窑镇现代建筑的限制，所以无法十分明确。从扁担山到卞家山，南北相距约2700米，从里山、郑村到张家墩，东西相距约3000米，总面积约6平方公里。

从考古发掘看，良渚古城的外郭城，原来在前山周围、卞家山、张家墩等区域。良渚早期有一些散落的遗址分布，随着良渚古城的发展、城内人口的增加，居住范围逐渐向外扩展，于是规划形成了外郭城，外郭城的大部分生活堆积都是良渚晚期形成。

良渚古城的外郭城，在总体格局上呈东北－西南方向，与正南北方向的内城，呈现明显差异，而与塘山长堤以及南北两山走向基本一致。这表明外郭城是在后期发展中，利用原来沿河而居的村落逐渐形成，而并非在早期建城时统一规划。这也在一定程度上反映了良渚礼制与社会管理的早晚之差。

图 6-23　良渚古城外郭城分布图

二 卞家山遗址

卞家山遗址为良渚古城外郭城的南城墙，整体呈东西向长条形，隆起的主体长约 1000 米，宽 30—50 米，高出农田 1—2 米。该遗址确认于 1999 年，2002 年试掘，2003—2005 年经历三次发掘，共揭露面积 2600 平方米。清理良渚文化墓葬 66 座、房址 1 座、灰坑 5 个、灰沟 3 条、木构码头遗迹 1 处。出土陶、石、玉、骨牙、漆木、竹编等各类文物 1400 多件。卞家山遗址发掘时，良渚古城尚未发现，因此当时并不能按照外郭城来认识它的位置与功能。

卞家山的墓地大致经历了四个阶段的扩建，为良渚古城外围普通居民的葬地。墓坑长一般 1.8—2.75 米，宽 0.5—0.95 米，残深 0.1—0.84 米。多座墓葬的葬具尚存木质纤维，有的能辨明由上下两块弧形木板相扣而成（图 6-24）。个别墓葬的人骨架保存较好，尚能看出大致的

图 6-24 卞家山 M61 葬具盖板与底板

图 6-25 卞家山陶质房屋模型

人体形态。小孩墓占一定比例，随葬品与成人相当。墓葬头向一半朝南，一半朝北，个别朝东。

随葬品共计 460 多件，其中陶器近半数，玉器较多，石器偏少。陶器以鼎、豆、罐、盆为基本组合，另有杯、壶、纺轮等。玉器有梳背、镯、璜、坠、锥形饰、管、珠等。石器以钺为主，偶见镞、刀、锛。多座墓葬发现了漆觚痕迹。

在卞家山台地南面发现了当时的河边码头遗迹，淤泥层内发现大量遗物，主要有陶、石、木、骨、漆、竹等制品，另采集到大量的猪、鹿、牛等动物骨骼，发现一块带有转角的木骨泥墙残块，以及一个陶质房屋模型的屋顶部分（图 6-25），为研究良渚文化的建筑形式提供了重要资料。一些黑皮陶器刻有精致的细刻纹和各类符号。此外，还出土了较多的盘、觚等漆木器残件，制作精良。这些为我们勾勒出良渚古城外围居民生活的一角。从出土遗物分析，外郭城范围应该是主要的手工业作坊区。

三　美人地遗址

美人地遗址位于外郭城东北部，为东西长约 270 米、南北宽 30—60 米，海拔 4—5 米，相对高度 1—2 米的高地。2010—2011 年对美人地遗址进行了解剖发掘。发掘显示美人地遗址有大体平行的南北两个东西向条形台地，北部的土台经过多次扩建和加高形成，高于现在水稻田地表，南部的土台形成较晚，沿用时间较短，与现水稻田地表近平，两个土台之间为宽约 30 米的古河道。美人地与北面的周村遗址之间为水域范围，与南面的钟家村遗址之间也是大范围的水域和湿地，呈现一种水陆相间、隔水相望的外郭城景象。

通过对美人地遗址北排台地发掘，我们了解到，这个台地经过一次向南扩建，所以早期台地边缘的木板护岸（图 6-26）得以保留。木板结构为，最底下的是南北向的枕木，彼此间距170—440 厘米，枕木长 45—65 厘米，宽 25—35 厘米，厚 20 厘米。其上放置东西向垫木，揭露总长 675 厘米，宽 25—35 厘米，厚10—18 厘米。垫木上竖置木板，木板顶部已腐朽，残高约 155 厘米，宽 10—45 厘米，厚 10—20 厘米。

图 6-26　美人地遗址出土木板护岸

　　木板表面加工规整，部分留有石锛的加工痕迹。在竖立的木板上部和底部方形枕木头端发现牛鼻孔 4 个，应该与木材运输有关。

　　在河道堆积中出土了大量的陶片等遗物，许多豆、罐等黑皮陶上刻有精细的纹饰。美人地遗址的总体年代与内城四面城墙解剖点的堆积类似，这说明城外外郭城系统的营建与城墙开始作为居住地应在同一时期。

　　通过对四面城墙的解剖发掘，我们知道，良渚古城的城墙在良渚晚期相当长一段时期，成为主要的居住之地，在四面城墙内外的城河中，堆积了大量的生活垃圾，其年代与美人地、扁担山、卞家山等相类似。良渚古城兴建于良渚早期，至良渚晚期最终形成了以莫角山为中心，向外依次为内城和外郭的城市格局。从莫角山、内城到外郭，地面堆筑高度也由内而外逐步降低，显示出一种等级差别，是中国古代都城由内而外的宫城、皇城、外郭三重结构的滥觞。

从良渚古城的考古发掘看，良渚文化从早到晚持续约 1000 年，并没有看到晚期衰落的现象，从城市规模与人口看，晚期更加繁荣与昌盛。从反山、瑶山等墓地看，良渚文化早期礼制十分规范，晚期的反山 M21 及古城内零星高等级墓葬，反映了集体规范的统治集团至晚期已经分崩瓦解，贵族墓往往呈单个出现，寺墩等良渚晚期墓葬也反映了这种现象。另外，从解剖发掘的北城墙东门看，在良渚晚期，不仅城河被垃圾淤塞，城门里也堆积垃圾，良渚这座神圣的王城，在良渚文化晚期似乎已经成为一座无政府状态的工商业城市。

四　城里的生活

良渚古城的河道以及之前卞家山等遗址的发掘，为我们了解良渚人的生活，提供了丰富的资料。在以往发掘的良渚人的墓葬中，我们只能够从玉器感受良渚人的精致与华丽，而由于墓葬中的陶器都是专门为下葬而制作的明器，我们一直对良渚人的真实生活缺少了解。随着良渚古城钟家港等古河道的发掘。我们才渐渐地可以勾画出良渚人的生活样貌。

🔵 百工云集

　　贵族的生活应该比我们想象中的更加精致、高贵，而且充满仪式感。他们沟通天地与人神，引导人民生产与生活。普通的百姓也过着男耕女织的安稳生活。在良渚这座圣城里，除了贵族统治者外，大多数应该是工匠与外来交易的商人，他们临河而居，从事着各种物品的生产、交换。从钟家港、葡萄畈、卞家山、文家山、雉山等许多区域发掘出土的半成品和加工废料看，当时生产的有漆木器的盆、杯、盘、豆等器物（图6-27），骨质的箭头、骨锥、骨针、鱼钩等器物（图6-28），石器有石钺的胚料（图6-29）和钻芯等，另外有加工玉管的钻芯与玉料等（图6-30）。这些物品的原料显然应该是从四面八方汇聚到城里，而掌握技术的工匠们是城市里的主要居民。而

图 6-27　漆绘木盆残件

图 6-28　骨鱼钩

图 6-29　钟家港河道中出土的石刀、石锄毛坯

图 6-30 燧石钻头及带切割痕的玉料

原料的提供与成品的输出，显然需要商业者的阶层。加工的废料与生活中打碎的陶器、吃剩的动物骨头等等往往被直接倒进河里，因此许多河道逐渐变窄或者被填埋，在垃圾的上面往往覆盖上纯净的黄土，城里的居住地在上千年的生活中也不断地扩大。

良渚文化晚期，在从良渚古城顺流而下约 20 公里的德清雷甸镇一带，发现了专门加工生产玉器的中初鸣遗址群，遗址的总面积超过 100 万平方米，是由一个一个的环壕加工居住作坊组成。该遗址于 20 世纪 90 年代发现，2018 年以来经过陆续的勘探和发掘，获得了大量加工玉器的碎料和加工工具，以及良渚文化的居址和墓葬①。

但是在良渚古城附近的余杭及德清境内，并没有玉矿，因此这种来料加工与再分配的、集中的、专业化的生产和交流方式，为我

---

① 浙江省文物考古研究所、德清县博物馆：《浙江德清县中初鸣良渚文化制玉作坊遗址群的发掘》，《考古》2021 年 7 期。

图 6-31　钟家港出土陶器

们认识理解良渚社会的生产关系与工商业模式提供了新的思考方向。

在良渚古城的城河与钟家港等古河道中，出土最多的还是陶器（图 6-31）。这些陶器都是在使用过程中打碎了，然后被丢弃到了河里。在河道的生活堆积中，还没有发现陶器的半成品或者烧制的废品，因此我认为从当时玉器等的加工生产方式看，陶器应该也有集中生产的区域或基地。

◉ 日常器用

良渚古城河道中出土的陶器与漆木器，反映了良渚古城中百姓的生活日用。陶器是为了适应生活需要而创造出来的物品，因此它是生活内涵的直接反映，也集中体现了人们的审美、信仰以

图 6-32　卞家山出土红陶罐

及对材料的掌握等等，因此陶器也是文化面貌和文化区分的最主要的物质载体。陶器种类的多样化，是生活内涵、饮食种类丰富性的一个反映。良渚文化的陶器以黑陶为主，有少量红褐陶。按材质分可以分为夹砂陶与泥质陶两种。夹砂陶一般用于炊器，表面有褐色陶衣，主要器物有鼎、袋足鬶和大口缸。泥质陶绝大部分为黑陶，少数为红陶（图 6-32）。

这些器物表面明显经刷浆和打磨处理。少数泥质黑陶表面有精细刻纹，刻纹内容主要以龙凤纹为主。有些黑陶用篆刻的手法通体刻满精细的花纹，陶器表面的黑皮被刻划后而露出白色的纹饰，黑白分明，也显然是在烧制之后刻上去的纹饰（图 6-33）。这种追求细密的审美方式，与良渚玉器有着异曲同工之妙。另外，从宽把杯等许多陶器的把手制作看，为了做出饱满的质感，他们不是用阴刻线表现纹饰，而是将泥条搓成细线编出纹样，再粘贴到把手上（图6-34、35）。这些寻常中的精致，反映了王城中的人们生活中的那份高贵与美好。其他地区出土的类似陶器，也许有些正是出自良渚王城的工匠之手。当我们欣赏这些古代器物和艺术刻画时，我们不仅仅要有理解艺术品的眼光，同时也应该看到这些艺术创造背后人的心智与生活中的情趣。

中国对于生漆的使用历史悠久。目前最早的木胎漆器发现于浙江余姚井头山遗址、跨湖桥遗址[1]和河姆渡遗址[2]。在崧泽文化中发现有在黑陶表面施漆的现象。良渚文化时期，漆器开始走向成熟，红与黑相间的图案设计与艺术表达是良渚文化漆器的主要风格，而且这种对红黑艺术风格的崇尚一直延续到汉代。

图 6-33 葡萄畈 T0404 ⑧出土鸟纹陶豆把

图 6-34 钟家港 T0949 ⑥A 出土宽把杯把手

图 6-35 卞家山 G1 ④出土罍把手

---

① 浙江省文物考古研究所：《跨湖桥》，文物出版社，2004 年。
② 浙江省文物考古研究所：《河姆渡》，文物出版社，2003 年。

图 6-36 反山 M12：1 漆器（复原）

　　良渚文化时期漆的质感，漆与木胎的结合，以及漆器的艺术图案，都可以与春秋战国时期的漆器相媲美。木胎漆器的装饰手法有纯红色，有在红色底子上画黑彩的图案，也有的在红色的图案中镶嵌玉片，从发掘出土的有限的资料中，我们已经可以领略到良渚人绚丽多彩的漆器艺术。在良渚古城的河道和卞家山遗址中，出土了较多的漆杯、漆盘、漆盆等残片，而在一般的遗址中我们很少发现漆器。可见生活在良渚王城中的百姓，与乡野农村的生活还是有所差别。在墓葬中出土的漆器主要见于反山、瑶山等贵族墓葬。反山出土有嵌玉漆杯、嵌玉漆盘等（图 6-36），瑶山以及浙江桐庐小青龙遗址的大墓中出土有高把漆杯。这些出土情况反映了漆器与玉器一样，在良渚文化中都是十分珍贵的物品，主要在贵族阶层使用，是身份和地位的象征[①]。

● 盘中餐物

稻米是良渚人的主要粮食，随着近些年对良渚古城古河道的发掘，我们对良渚人的食物构成，有了越来越多的了解。其中发现的可以食用的植物主要有菱角、芡实、葫芦以及桃、杏、李子、梅子、柿子、甜瓜等等（图6-37）。透过盘中餐也仿佛可以看到当年桃红柳绿的田园景象。

良渚人的食谱中除了稻米和其他植物外，还有许多的动物。说起江南人的生活，人们常常引用《史记·货殖列传》中记载的"楚越之地，地广人稀，饭稻羹鱼"来形容。因为在人们的印象中，中国的江南水乡就应该是鱼米之乡，所以吃鱼肯定是南方人的首选。可是统计在良渚古城的河道里出土的动物骨头，猪骨头约占了80%以上——显然猪才是良渚人的主要肉食来源，而且从猪的牙齿形态和死亡年龄等数据分析，这些猪大部分来源于饲养，只有少数是捕获的野猪。在有的良渚文化的墓葬中，还有用猪随

---

① 浙江省文物考古研究所、桐庐博物馆：《小青龙》，文物出版社，2017年。

菱角

李子

南酸枣

桃核

图6-37 良渚古城出土菱角等食用植物

葬的现象。在大汶口等其他文化中，猪也常常作为财富的象征被随葬或者祭祀。另外，由于雄性的野猪也是一种比较凶猛的动物，因此野猪的獠牙还常常被作为勇敢者的象征而成为良渚武士的装饰品。

除了猪之外，我们发现的良渚的动物还有狗、鹿、水牛、老虎、猴子、大象、鲨鱼、鳖、大雁、天鹅、鸭等等，当然也有各种鱼类，共有数十种动物骨头（图6-38）。除了食肉之外，动物骨头也是一种理想的坚硬材料，主要用来做针和箭头。鲨鱼牙由于硬度很高，所以被当作一种特殊的工具，在许多大墓中都有发现。

狗下颌骨

鹿角

水獭头骨

黄斑巨鳖腹甲

圣水牛头骨

水牛胫骨

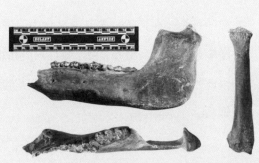

图 6-38　良渚古城出土动物骨头

猪骨

发现水利系统

良渚水利系统的发现，将中国的水利史推到了
5000 多年前，更早于"大禹治水"。

塘山水坝的发现

一　猜想与考古验证

　　在良渚古城北侧约 2 公里，北靠大遮山脉，有一条全长约 5 公里的长堤，当地人称塘山。从 1980 年代中期，我们就开始关注这条长堤，因为总觉得它不像是自然形成的地貌。但由于那时对于良渚遗址的认识有限，所以也没有做太多与良渚相关的联想。随着反山、瑶山、莫角山等一系列良渚重要遗址的发现，我们开始设想这个塘山会不会是良渚人修建的大堤呢？

　　1996 年底至 1997 年，浙江省文物考古研究所组织进行了正式调查和试掘。通过对毛儿塘段的发掘解剖以及对多处缺口断面的观察分析，初步确认东西绵延约 5 公里，宽 20—50 米，相对高度 3—7 米的塘山为人工营建的长堤。这条长堤到底是不是良渚人修建的呢？在它的堆积中，我们虽然发现了几块良渚文化的碎小陶片，但这并不能完全证明它就是良渚人堆筑的，当然也没有否定它的证据。

考古发现常常会有许多偶然，但是当我们想到要去寻找证据，也便有了成功的必然。1997 年在塘山的东端、接近罗村的位置进行试掘中，发现了数量较多的有加工痕迹的良渚文化玉料（图7-1），以及两座良渚文化的大型墓葬，据此我们对遗址的年代有了比较可靠的考古依据。从地理位置分析，我们认为它应该是良渚文化时期人工修筑的具有防护功能的大型建筑，所以我们将它命名为土垣遗址（当地人称"塘山"）。遗址东起安溪罗村，西到瓶窑毛园岭，从西到东可分成三段。西段为曲尺形单层坝结构。中段为南北双层坝体结构，北坝和南坝间距 20—30 米，并保持同步转折，形成渠道结构。北坝坝顶高程在海拔 15—20 米，南坝略低，坝顶高 12—15 米。渠道底部海拔 7—8 米。双坝的东端连接大遮山向南延伸的一条分水岭。分水岭以东为塘山东段，单坝结构，基本呈直线状分布，向东连接到罗村。

图 7-1　土垣遗址（罗村段）出土玉料

2002 年上半年，我们又对 1997 年发掘的罗村段进行了扩大发掘，发掘面积 458 平方米。此次发掘获得了用于加工玉器的石制工具 400 余件，玉质残件及玉料 100 余件。在 1997 年发掘的基础上，进一步确认了这里是良渚文化晚期的一处治玉作坊，为研究良渚文化的玉器加工技术和治玉作坊，提供了宝贵的资料。

在良渚古城发现之前，我们基本认为土垣遗址是良渚人沿着大遮山修建的为阻挡北面山洪和野兽、保护莫角山核心区的防卫工程。

 二　探索中的困惑

2007 年良渚古城发现后，古城与土垣遗址的年代关系、土垣遗址在功能上是否真的是古城的防洪屏障，又成了摆在我们面前的新问题。2008 年，中国文化遗产研究院的孟宪民先生带领一些水利史的专家到良渚古城考察，我们讨论到古城和土垣的关系时，他们说如果土垣遗址是防北面山洪的，那么经过拦截的山洪，又从西头的毛园岭流回到了苕溪中，那么耗费这么大的人力修建这样的工程，又有什么意义呢？这个问题确实难以解释。另外，土垣遗址的中间一段，又为什么要修建成双层的呢？在接下来的几年中，我们一直试图回答这些问题，我们设想它如果不是防洪大堤，也许是良渚古城的外郭城，可是我们一直无法找到与之对应的南城墙。认识没有进展，但是困惑却无法忘记，这也许就是科学之路的感受。

岗公岭水坝的发现

一 偶然与注定

　　机会永远都是留给有准备的人，而所谓有准备就是有知识的储备和知道问题的所在。2009 年一个偶然的发现，给我们继续追索土垣的功能打开了一扇窗口。104 国道从良渚古城往西大约 8 公里在余杭彭公的位置，沿着山谷向北转弯。彭公以前是一个乡政府的所在地，从这里往北过了山脊线就是德清县。往西和南面开始进入半山区丘陵地带。

　　2009 年，当地沿着 104 国道附近修建竹木市场，有一座叫岗公岭的土山要被取平。十几米高的土山被取掉一半时发现，这土山外层是黄色黏土，而越往里层则越呈青灰色，显然是用沼泽地上的泥土堆筑起来的，这种迹象与战国至汉代的大型墓葬利用青膏泥做封土的现象很相似（图 7-2）。于是有盗墓贼开始商量要在此盗掘，当地村民得知消息后，马上报告给了余杭区文化局。

图 7-2　2009 年彭公岗公岭取土现场

那天，我们良渚古城考古队以及良渚遗址管理所的同仁们一起去看现场。从现场取土断面分析，眼前这座巨大的土山显然是人工堆筑起来的，它连接东西两座自然的山体，长 200 多米，宽 100 多米，西部在当年修建宣杭铁路时被挖断。因为 2000 年在附近曾经考古发掘过一条叫蜜蜂弄的类似水坝，我们判断这是与蜜蜂弄相似的水坝，而不是大墓。在它的边缘发现有汉代的墓砖，我判断这座水坝的年代起码在汉代以前。汉代以前的水利工程也应该是十分重要的考古发现，所以我们积极呼吁当地政府能予以保护。

调查完岗公岭，我脑子里闪过一个念头，这水坝会不会是良渚人的呢？于是我再去问当年发掘蜜蜂弄的同事，他们说没有证据可以证明它的年代。一方面呼吁保护，一方面想要搞清它的年代，成了我心中挥之不去的问题。

二　草裹泥带来了时间的穿越

2010 年春节，杭州连日暴雨，苕溪水满。杭州在冬天还很少下大雨。我心中总是放不下岗公岭水坝的事，所以在春节大雨过后就赶去看去年取土的现场，想看看下过大雨之后是否能冲出点什么。记得那天是 1 月 18 日，我和王宁远到现场一看，去年取土的断面上，竟然很明显露出了一块块草裹泥（图 7-3），这让我无比惊喜，我心想这下十有八九是良渚人的工程了。因为用草直接包裹泥土垒筑的工艺，是良渚人的工程特点。另外，草是当年生的植物，用于做碳 14 测年十分准确，草裹泥外面的草标示了坝体的修筑年代。

我立刻给北京大学的老师打电话，告诉他们我的惊喜发现，要求他们尽快来看现场，并由他们亲自提取样本。北京大学的赵辉、秦岭等老师先后来看了岗公岭现场，首先为这个水坝的规模所震惊，现场草裹泥的迹象也让大家相信，这应该是良渚人的工

图 7-3　岗公岭冲刷出来的草裹泥

程。大约 7 月的时候，碳 14 测年的数据终于出来了，3 个取自不同位置的样本，测年的数据是一致的——距今约 5100 年。这下铁定是良渚了，而且是良渚早期，与反山、瑶山贵族墓地的年代相似。我们非常兴奋，直觉果然被验证了，毫无疑问，这是良渚考古的又一个重大发现！

　　2010 年，我们组织在岗公岭附近继续调查，又发现了西面的老虎岭、周家畈、秋坞、石坞等类似的水坝，虽然还不能完全确定年代，但从堆筑剖面看，应该与岗公岭相似。通过分析，我们发现这些水坝可以分为东西两组，其中岗公岭、老虎岭、周家畈构成东部一组，坝高约 30 米，共同控制了一个山谷的来水；

其西侧为奇鹤村的谷地，没有发现水坝；再往西的秋坞、石坞和蜜蜂弄又构成另一组水坝。

良渚人为什么要在远距古城 8 公里以外修筑这样的大型工程呢？我们想岗公岭这条山谷是良渚古城上游比较大的山谷，也许水坝可以把山洪拦截到分水岭的北面，这样就可以起到分洪治水的作用。

我们找来研究地貌和地理信息系统（GIS）方面的专家，中国社会科学院考古研究所的刘建国等参与了调查，并利用地理信息系统进行了分析。刘建国通过遥感（RS）和地理信息系统分析，认为坝体会在山谷间形成一个山塘水库，而不可能分洪到分水岭北侧的德清地区。还通过集水面和降雨量的分析，推测高坝可以抵御 890 毫米的短期降水，达到抵御百年一遇洪水的水平。

那么岗公岭等水坝仅仅是水库的大坝。良渚人在距离古城 8 公里以外的位置修建水库，那和古城又有什么关系呢？

这一连串的水坝的发现，既让我们兴奋，也给我们带来了许多新的困惑。在接下来的几年中，我们一方面呼吁保护，一方面试图解开这些水库与良渚古城的关系之谜。

大眼解开空间的谜底

观察分析大空间的地貌关系，现代的遥感技术为我们提供了很好的手段。像良渚古城以及水坝这样大空间分布的遗址，如果不借助这样的天眼技术，我们简直就像盲人摸象，在地面上感受不到它们的布局。有了天眼，这些遗址就像是棋盘上的棋子，一目了然。

2011 年年初，美国加利福尼亚大学洛杉矶分校的李旻教授送给我一组美国 20 世纪 60 年代的卫星影像（图 7-4），影像中比较好地保存了当年的原始地貌。我的同事王宁远，在观察卫星影像时突然发现瓶窑镇西面的栲栳山居然连上了毛园岭和塘山，再往西平原上的几个小山丘也都有水坝一样的高地相连。这就意味着，如果这些是良渚人的坝，那它们和土垣塘山就构成了一个整体！困惑我们多年的土垣塘山遗址的功能问题，终于看到了亮光。

王宁远兴奋地告诉我他的发现，我们决定立刻派人去钻探验

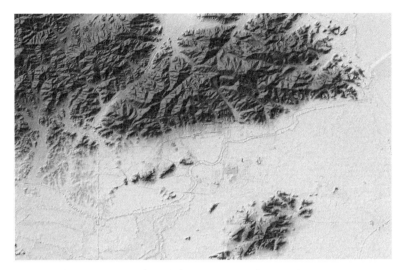

图 7-4　良渚地区卫星遥感图（美国 Corona 卫片，1969）

证一下，于是我们找来技工祁自立，让他带人去钻探。老祁从古城发现到岗公岭一带水坝的调查，一直跟着我，比较有经验。

2011 年 4 月 24 日，终于有了钻探结果。经过勘探证实，那条长垄果然是人工堆筑的坝。同时更令人惊喜的是，这条坝的东西两侧，还另有两条人工短坝！其中东侧一条已经被新 104 国道截断，西侧那条则非常短，卫片上不仔细看很难发现。这三条坝，后来被我们命名为狮子山（东）、鲤鱼山（中）和官山（西）。

初战告捷让我们信心倍增。这也更增加了王宁远研究卫片的兴趣，他开始不断地从影像上寻找可疑点，一个个地去钻探验证。2013 年 9 月 28 日，王宁远开车带着祁自立、范畴，在宣杭铁路西侧的疑似地点梧桐弄附近用洛阳铲钻孔，这里的地形是一条东西向长垄，有百米许，中间和西侧被两条小路切断，断口是一种纯净的红土，附近还有个地名叫赤坝，之前多次在中间的断口处勘探过，一直未发现人工堆积的证据。那天他们在高垄西侧断口下勘探，发现了草裹泥，这是人工堆筑最具说服力的证据。第4条水坝被发现了，这条水坝的发现从总体上将毛园岭以西围合成了一个面积约9平方公里的大型水库。而水库的上缘则连接到了岗公岭、老虎岭水坝，向下游通过土垣塘山的双坝渠道而与古城相连，多年来的困惑，终于上下打通了。此时走出迷谷般的畅快，真是难以用"高兴"二字来概括。

考古带我们回到修筑的现场

　　一　老虎岭水坝的考古

　　空间上的问题解决了，人工修筑的问题证实了，也有一条水坝取得了碳14测年数据，但是我们还需要获得总共11条水坝中每一条水坝的数据才更有说服力。另外，即使有了碳14测年数据，我们最好还能找到在地层上有良渚文化遗迹叠压的证据，如果有双重证据那就理想了。所以我们从2013年一直在寻求一个好的发掘点和发掘机会。

　　2015年，我们向国家文物局申请了发掘计划，我们选择了老虎岭和鲤鱼山分别作为高坝和低坝进行解剖发掘，并邀请山东大学和南京大学共同合作发掘。在老虎岭坝体北侧布置2条探沟进行解剖，并且利用坝体东端北面原来农民的取土断面做了比较长的东西向观察剖面，在断面上，草裹泥的堆积迹象清晰可见。

　　在西端的探沟T1中，我们获得了重要的地层叠压证据。一条良渚晚期的小沟（G3）叠压打破了坝体的最西端堆筑土（图7-5），沟内出土了鼎、鬶等典型良渚文化晚期陶片，证明良渚晚期曾经有人在此活动。

经过往深处解剖证明，该坝的堆筑过程为：首先统一在谷底地面上铺筑青膏泥混杂草裹淤泥做基础，其上堆筑青粉土。然后在北侧迎水面堆筑草裹黄土的斜坡，内部间杂使用黄色散土。其上覆盖黄褐散土为护坡，顶部覆盖褐色黏土。

坝体断面显示草裹泥具有明显的区块现象（图7-6），这种不同的土质集中呈区块垒筑的现象，反映了它们的取土来源不同，一个区块应该代表了一次的运输量，同时表明堆筑时不同地点运送过来的草裹泥，没有临时的堆料过程，而是直接以站队传递的方式垒筑起来。我们从这种堆筑迹象的背后，看到了这是一种依靠人海战术、集中大量人力进行施工的景象。同时，草裹泥的工

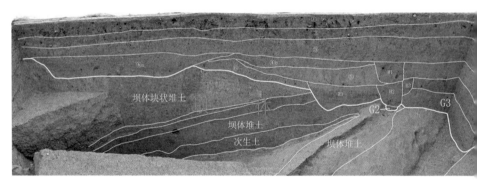

图 7-5　老虎岭 T1 中坝体与 G2、G3 关系

图 7-6　老虎岭草裹泥分区块堆积的情形

艺技术，不仅可以增加牢固度，同时也是一种可以预制、备料、分工协作，又便于搬运和快速垒筑的建筑方式。它为我们理解良渚人如何在较短的时间内完成这样超大型工程，提供了思路。

二　鲤鱼山水坝的考古

2015 年，在发掘高坝老虎岭的同时，由南京大学负责低坝鲤鱼山的解剖发掘。分别对坝体的北侧和南侧进行了探沟发掘，并沿探沟向南北两侧延伸钻探。

通过解剖发掘和钻探认识到该坝的堆筑方式为：先在筑坝处

地面下挖一个纵向凹槽，宽度约25米，深度达3米。坑内堆填青淤泥和草裹淤泥为基础，之上覆盖一层黄色散土，在北侧迎水面的位置，用草裹黄土和散黄土间杂堆筑形成斜坡，其后部则又用黄色散土覆盖坝体的表面（图7-7）。

鲤鱼山坝所在为平原区，原地面为青色粉砂土，防渗性差，易于流失，直接筑坝容易崩塌。挖槽填入淤泥，可能是出于防渗的目的。坝内填土中发现数片崧泽文化时期的粗泥陶片和一片良渚文化的陶片。

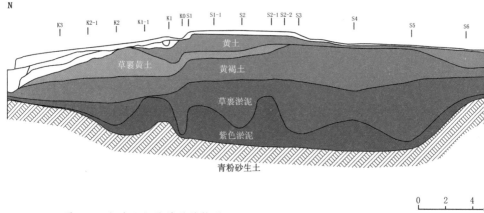

图7-7 鲤鱼山坝体堆筑结构图

那是一片怎样的湖水？

早在 1997 年和 2002 年，我们在塘山土垣水坝的东端，发现了坝体顶部的良渚文化晚期墓葬以及加工玉器的堆积。2015 年，通过对老虎岭水坝的发掘，获得了良渚晚期地层单位打破坝体的证据。在低坝鲤鱼山发现了被战国墓葬打破的证据。在鲤鱼山、蜜蜂弄、岗公岭等坝体也曾零星发现良渚文化时期的陶片。各坝堆土内皆未见晚于良渚文化的遗物，这是判断水坝下限年代的考古地层学依据。

从 2010 年岗公岭水坝的碳 14 测年，到 2018 年我们陆续对 11 条水坝进行了碳 14 测年，这个过程中获得了大量的数据，结果显示，各地点系列样品的树轮校正值全都落在距今 4700—5100 年之间，属于良渚文化早期。这就从时间上证明了 11 条水坝是良渚古城建设之初统一规划设计的城外有机组成部分（图 7-8）。

从古城北面的塘山土垣长堤的东端到最西面的蜜蜂弄坝，

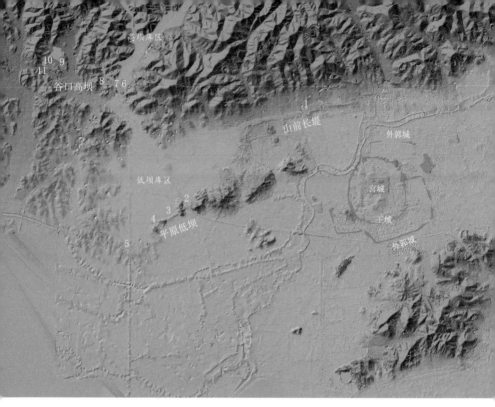

1 塘山 2 狮子山 3 鲤鱼山 4 官山 5 梧桐弄 6 岗公岭 7 老虎岭
8 周家畈 9 秋坞 10 石坞 11 蜜蜂弄

图7-8 良渚古城及外围水利系统结构图

距离为 11 公里；从最北端的石坞坝到最南端的梧桐弄坝，距离 5.5 公里。从良渚古城的中心到蜜蜂弄坝体，直线距离约 10 公里。

这些堤坝根据形态和位置的不同，可分为山前长堤、谷口高坝和连接小山的平原低坝三类。

1.山前长堤：原称塘山或土垣遗址，位于良渚古城北侧 2 公里，北靠大遮山脉，距离山脚 100—200 米，全长约 5 公里，呈东北－

220

图 7-9　塘山与良渚古城关系（美国 corona 卫片，1969）

西南走向，是水利系统中最大的单体（图 7-9）。

从西到东可将其分成三段。西段为矩尺形单层坝结构。中段为南北双层坝体结构，北坝和南坝间距 20—30 米，并保持同步转折，形成渠道结构。渠道底部海拔 7—8 米。双坝的东端连接大遮山向南延伸的一条分水岭。分水岭以东为塘山东段，为单坝结构，基本呈直线状分布，连接到罗村、葛家村、姚家墩一组密集分布的土墩。

2. 谷口高坝：位于西北侧较高山地的谷口位置，包括岗公岭、老虎岭、周家畈、秋坞、石坞、蜜蜂弄 6 条坝体（图 7-10）。可分为东、西两组，各自封堵一个山谷，形成水库。高坝体高程为海拔 30—35 米。因谷口一般较狭窄，故坝体长度在 50—200 米之间，大多为 100 米左右。坝体厚度近 100 米。

3. 平原低坝：建于高坝南侧约 5.5 公里的平原内，由梧桐弄、官山、鲤鱼山、狮子山 4 条坝将平原上的孤立小山连接而成（图7-11），坝顶高程 10 米左右。坝长视小山的间距而定，在 35—360 米之间不等。高坝与低坝之间的库区略呈三角形，面积约 8.5平方公里，库区地势很低，现今仍为泄洪区。库区东端与塘山

图 7-10　秋坞－石坞－蜜蜂弄坝体现状（自北向南拍摄）

图 7-11 狮子山 – 鲤鱼山 – 官山坝体现状（北向南拍摄）

长堤相接，共同组成统一的水利体系。

高坝所在的山谷陡峻，降水季节性明显，夏季山洪爆发，冬季则可能断流，通常不具备行船条件。通过筑坝蓄水形成的水库，可以形成连接多个山谷的水上交通运输网。如高坝系统中的岗公岭、老虎岭和周家畈三坝，以现存坝顶高程中最低的海拔 25 米计，根据谷底高程推算，满水时库区水面可沿山谷上溯 1500 米左右。

低坝系统中的鲤鱼山等坝群海拔约 10 米，满水时可北溯 3700 米左右，直抵岗公岭坝下方；它们通过栲栳山、毛园岭等自然山体，最终和塘山连接，构成了南线大的屏障，与北部山谷间的高坝群形成呼应。这一发现使我们认识到塘山并非独立的水利设施，而是整个水利系统的一部分。

该系统可能具有防洪、运输、用水、灌溉等诸方面综合功能，与良渚遗址群及良渚古城的生产与生活，关系密切。其具备防洪与运输两大功能是可以肯定的。

1. 防洪功能：天目山系是浙江的暴雨中心之一，雨水充沛，夏季极易形成山洪，对地处下游平原的良渚遗址群形成直接威胁。通过水利系统的高、低两级水坝，可将大量的来水蓄留在山谷和低地内，以解除洪水威胁。根据低坝现存的坝高海拔 10 米推测，则可形成面积达 8.5 平方公里的蓄水库区。

2. 运输功能：天目山系资源丰富，为良渚遗址群提供了丰富的石料、木材、漆及其他动植物资源。良渚时期轮式交通及配套道路系统尚未形成，水运是最便捷的运输方式，水坝系统的东北面可以与塘山长堤渠道贯通。良渚先民在外围兴建防洪水利设施的同时，在城内外挖掘大量的人工河道，连接平原区的自然水域，从而形成复杂而完善的水上交通网。

此外，高低坝形成的水域面积约 14 平方公里，遥想当年青山绿水的景象，那该是一片多么美丽的圣湖啊！也许它还可以给这座城市提供大量的鱼类。也许在这湖山之间，还隐藏着良渚先王的夏宫，在炎热的夏季傍晚，他们或许会泛舟湖上。

关于这片湖，我们还可以有许多美丽的想象。

圣湖的梦想

乘着风的翅膀
我穿过 5000 年
那宽阔的城墙
空气中散发着桃李的芳香

经过栲栳山边的河港
我来到这微波的湖上
你乘着月牙般的轻舟
从远山的云上飘来
歌声在山谷中回荡

羽衣兮霓裳
丝带兮飘扬
环佩璘珊兮
与鹤鸣唱

戚扬兮鼍鼓
玉钺兮鸠杖
神王出行兮
声震八方
……

世界之最的水利工程

超级水利工程

　　良渚古城外围的水利工程是一个庞大而复杂的水管理体系，从 20 世纪 90 年代末发现，到 2015 年最终确认，经历了漫长的探索发现历程。到 2019 年申报世界文化遗产为止，一共发现了 11 条水坝，这些水坝在良渚古城北部和西北部形成了面积约 14 平方公里的储水面，总库容量超过 4000 万立方米。

　　经过测算，所有坝体的土方量总计约为 288 万立方米，如果按每立方米土的开挖、运输、填筑需要 3 个人工计算，建筑全部 11 条坝体大约需要 860 万个人工。若由 1 万人来建造，大约需要连续不断工作两年半时间。

　　良渚申遗之后，我们又在塘山长堤的北面近山位置等区域，发现了数条新的水坝（图 7-12），因此良渚古城外围水利系统，比我们已经认识的还要庞大和复杂。

　　良渚人的水坝，通常在坝体核心部分采用沼泽淤泥制作的草裹泥垒筑，而在坝体外侧采用山上的黄色黏土制作的草裹泥

图 7-12 塘山

垒筑。经南京河海大学袁俊平教授、南京大学赵晓豹教授等研究发现，这一结构类似于现代的黏土心墙坝，心墙起防渗作用，而黄色黏土坝的外壳则起到保护和支持坝体稳定的作用。经取样试验表明，这种坝体的渗透系数大约为 10^{-5}—10^{-7}cm/s，这是一个惊人的数字，因为它达到了现代工程中防渗材料的要求。另外，河海大学和南京大学的研究团队，还在岗公岭水坝东面找到了利用自然山谷隘口所形成的溢洪道，东高坝三条水坝的坝顶为海拔 30 米，而水库东侧发现的溢洪道隘口海拔为 28.9 米，这表明良渚先民不仅有高超的修筑水坝的技术，而且还具有全方位的水利规划能力。

　　水利系统建成后，形成了上下游两级水库，其中下游水库的水面正好可以抵达上游高坝的坡脚，配合原有河道和水域，就形成了从古城到下游库区再到高坝以北 3 公里远的运输通道。遥想当年修建古城时，大量木料、石料就是通过这个庞大的水利系统运达古城。2017 年，我们在莫角山宫殿区东侧的钟家港河道中发现了 3 根大型木料，长度达 14—17 米，直径 50 多厘米，这些木材应该就是从岗公岭一带的山里采伐后运来的，今天我们仍然可以想象当年古城内外舟楫往来的那种繁忙景象。在良渚古城修建之时，以及建城后的水路交通，都需要对水的有效控制和管理，因此我们推测，良渚古城的水利系统，除了运输功能之外，主要的功能应该是起到调节水位的水管理作用。另外，当然也应该具有灌溉功能。

　　距今 4000 多年前，大禹治水之后，会诸侯于涂山，划定九州，从而成为中华民族国家起源的象征，可见治水在国家形成过程中的重要性。世界上许多民族，也都有关于治水的传说。中国历史上留存至今的早期水利工程主要在战国时期，有都江堰、灵渠、白渠等，距今 2000 多年。而良渚水利系统的发现，将中国的水利史上推到了 5000 多年前，与埃及和两河流域发现的早期水利系统相比，无论在年代上和规模上，良渚的水利系统都堪称世界之最。

环境变迁与新时代的来临

我们无法将良渚文化与蚩尤部族完全地对等，
但蚩尤的故事为我们提供了可推理的想象空间。

环境的变迁

　　良渚文化从距今约 5300—4300 年，经历了将近 1000 年的稳定发展，那是一个风调雨顺、生活富足、社会井然有序的神话般的时代。从余杭玉架山遗址的环壕聚落我们可以看出，这个由 6 个环壕组成的小小村落，每一个环壕内都有从良渚文化早期到晚期的墓葬，1000 年的时间，仿佛并没有改变什么，日出而作，日落而息，生生死死，全在于此。

　　在良渚古城的内外，我们可以看到渐渐被淤泥和生活垃圾填埋的小河，它们记载着时间的流逝。莫角山宫殿区的周围，原来的码头和低洼地逐渐被生活垃圾填满，有的垃圾层的上面再重新铺垫黄土，建筑居舍。靠近城墙的内外城河，有许多地段已经被垃圾填平，从而失去了原有的交通功能和防洪功能。这些现象反映了良渚晚期城内人口的膨胀和环境的恶化。随着人口的增加，城内原有的居住地已经远远不能满足生活的需求，因此良渚晚期宽大的城墙顶上也住满了居民，而且在城的外围又堆筑起一条条长长的高地，在城北有扁担山、和尚地，城东有美人地、周村、里山、郑村、钟家村等等，城南有卞家山等，这些高地不仅用来居住，同时也形成了城的外围防护系统。这些措施暂且缓解了城市的压力，但却未能从根本上改善环境。

城市的发展耗费了大量的木材。良渚人在修筑莫角山宫殿时，不仅建筑房屋需要木材，在堆筑莫角山基础时，为了增加牢固和整体稳定，也铺垫了许多木材。在莫角山宫殿东面的钟家港河道里，我们还发现了许多当年修筑宫殿时未用完的木材，这些巨大的木头长度有十几米，直径有 1 米左右，我们可以想见当年良渚古城周边的山上，有大量的原始森林被砍伐了。另外，良渚人埋葬一般使用独木棺，独木棺当然需要粗大的木头。树林的砍伐与河流的淤塞，逐渐改变着良渚人的生存环境，这里抵御自然灾害的能力变得越来越差。

从考古发现可以看出，良渚早期不仅城市的规划井然有序，反山、瑶山等贵族墓地，也反映了早期集体化的统治集团，规范化的管理与尊卑有序的社会秩序。良渚晚期，这里几乎处于一种无政府的状态，城墙上住满了人，他们随意地往河里倾倒垃圾。在我们发掘的东北角的火溪塘城门（图 8-1），以及钻探的其他城门的边上也被垃圾填满。西城墙和东城墙都发现有被铲平损毁的地段。另外，至今也还没有在良渚发现像早期反山、瑶山那样排列有序的晚期墓地，而只是发现了几座零星的贵族墓葬。在钟家港等河边居住的居

图 8-1　北墙东门
（火溪塘）发掘场景

民，他们好像只是拼命地加工生产，生产的废料被随意丢弃在河里，河道的生活垃圾里除了陶器、石器、木器等残碎品外（图 8-2），还有大量的动物骨头以及客死他乡者的人骨，在河道的淤泥里还检测出了大量人的寄生虫卵。良渚古城在经历了几百年之后，已经从早期美丽神秘的圣城，变成了污水横流的工商之城。

　　另外，近年来，在科技部探源工程课题的支持下，我们与北京大学地球科学院莫多闻先生等合作，对良渚古城所在的杭州盆地及整个长江中下游地区的全新世环境进行综合研究，研究表明，在良渚文化晚期及龙山时代，水灾气候增加，良渚一带的环境逐渐沼泽化，许多良渚时期低洼地区的稻田被淹没，气候环境的多变，加剧了社会的动荡。在良渚之后，种植类型也发生了一定的改变，良渚时期发达的石镰等农业工具，在钱山漾与广富林文化中比较少见，适合采穗的半圆形石刀在遗址中出土较多。

图 8-2　城门内的
储藏坑

　　这一切好像都在告诉我们这样一个故事：大约在距今 4300
年左右，良渚王国的圣都发生了巨大的改变。也许是王都迁徙了，
也许还有我们无法猜测的原因。一段有关蚩尤部族传说的历史，
为我们理解那个年代的故事，提供了一种想象的空间。据《史记》
记载："蚩尤作乱，不用帝命。是黄帝乃征师诸侯，与蚩尤战于
涿鹿之野，遂禽杀蚩尤。"

　　我们无法将良渚文化与蚩尤部族完全地对等，但蚩尤的故事
为我们提供了可推理的想象空间，良渚的玉器何以会散落在陕北
呢？我想良渚或许就是蚩尤，也或许是他们跟随蚩尤逐鹿中原，
在那场战争中良渚的精英们沙场战败。随着被遣散发落，他们所
拥有的玉琮也便出现在了远隔数千里的延安芦山峁遗址和榆林神
木石峁古城遗址。随着这些考古的发现，我们透过历史传说，渐
渐地看到了一些历史真实的身影。

新时代来临

距今约 4300 年前后，中国迎来了龙山时代。文化的交流与融合圈进一步扩大，许多共同的文化现象在更大的范围里出现。不仅黄河流域和长江流域自身的文化交流加强，中国南北之间的交流与融合范围也进一步加大。

随着 2007 年良渚古城的发现，我们对于良渚文化晚期文化面貌的变化，也有了更清楚的认识。以往我们所认识的以鼎、豆、壶为主的良渚文化的基本陶器组合，有着非常清晰的演变轨迹。良渚文化早期的鼎足从鱼鳍形，沿着外侧逐渐加宽的发展轨迹，演变为良渚文化晚期的横截面呈"T"形的形态；豆把从较粗的形态，逐渐发展为细高的竹节形；口沿上有两个小贯耳的双鼻壶，则沿着鼓腹逐渐变扁的规律发展。另外，在良渚文化晚期，开始出现袋足鬶、实足鬶、宽把杯等一些新的器类。

而自良渚古城发现以来，我们在良渚古城的城河，以及城内外居址的生活堆积的最上层，都普遍发现了文化面貌的改变，这

图 8-3　良渚文化晚期后段不同类型的鼎与袋足鬶

些变化说明的是良渚对后世的影响方式。尤其是鼎足的变化完全改变了原来的发展规律，原来的"T"形鼎足已经不再使用，取而代之的是一种比较窄细的扁梯形足，这种以鼎足为代表的文化面貌的完全改变应该是社会转型的一种反映。而除了鼎之外，其他许多泥质类陶器仍然继承了良渚晚期的风格，这说明良渚文化的社会基础仍然存在，这种变化只是一种时代的影响，而并非是族群的改变。基于这种文化现象的改变，我们认为，应该将良渚文化晚期的整个过程，分为前后两段，前段以鼎足来说，是从鱼鳍形到"T"形的阶段，后段是扁梯形足的阶段（图 8-3）。

如果从更大的视野来认识良渚文化晚期后段遗存产生的背景，扁梯形足是特别需要提出来讨论的。在龙山文化这个阶段，中原地区分布着煤山文化、王油坊文化、后岗二期文化等，这些文化中均或多或少地存在侧装三角形鼎足。尤其在煤山文化中，鼎是最主要的炊器，这类鼎足实际上就是一种扁梯形足，但这种在中原和长江中游等地区被称为侧装三角形鼎足或扁三角形足的遗物有自身的特征，与良渚文化后段的扁梯形足有异。长江中游地区石家河文化之后，普遍出现一种以侧装三角形足鼎、细柄带箍棱豆、矮领广肩罐、斜腹碗及装饰弦断绳纹或篮纹、方格纹为特征的一群遗存，这类遗存的产生是煤山文化南下的结果，并可能与禹伐三苗的历史事件息息相关[①]。在淮河中下游一带，也发现以鼎为炊器的遗存，如禹会村遗址的鼎足也大多为侧装三角形足[②]。在长江下游地区，钱山漾文化中已经出现少量侧装三角形足，在广富林文化这一阶段这类鼎足大行其道。侧装三角形足的分布范围很广，中原地区、海岱地区、江淮地区、长江中下游地区均可见到，它可以被认为是一种具有时代标志的器物，其分布范围的扩大可能与中原龙山时期文化的扩张有关。良渚文化后段中突然流行起扁梯形足，虽然有承续良渚文化晚期的因素，或许也与这种大的时代背景有关。

中原龙山时期文化如禹会村遗址、煤山文化及王油坊文化的南下迁徙应是长江下游地区良渚文化之后文化格局发生变化的重要原因，这些外来因素使良渚文化内部发生分化，钱山漾文化、

---

① 白云：《关于石家河文化的几个问题》，《江汉考古》，1993年第4期。韩建业、杨新改：《王湾三期文化研究》，《考古学报》1997年第1期。
② 中国社会科学院考古研究所安徽工作队等：《安徽蚌埠市禹会龙山文化遗址祭祀台基发掘简报》，《考古》2013年第1期。

广富林文化的形成就是中原文化因素在长江下游地区融合了部分良渚文化因素的结果。钱山漾文化中折盘豆、圈足盘等器型源自良渚文化，大鱼鳍形足鼎的产生也当与良渚文化密切相关，但深腹罐、矮领广肩罐及装饰弦断绳纹或篮纹、方格纹的风格所代表的中原文化因素明显占据上风，可见钱山漾文化是以外来文化为主体并沿袭良渚文化的若干因素形成的新文化。到了广富林文化这一时期，大鱼鳍形足鼎、折盘豆等代表良渚文化的因素消失或罕见，侧装三角形鼎开始流行，中原文化的因素更为突出。回过头来看良渚文化晚期后段，虽然大部分的陶器保留继承了良渚文化的底色，但是陶器群中最敏感的炊器鼎的形态，已经全然发生了改变，而这种改变恰恰反映了一种来自北方的潮流。

龙山时代的大背景下，我们可以看到从黄河下游到长江下游，南北文化大范围地交融与认同。在浙江南部的遂昌好川遗址和温州老鼠山遗址，都发现了与山东莒县陵阳河遗址一样的台形玉片，好川文化与良渚文化晚期的大镂孔豆与大汶口文化晚期的豆有着很高的相似性。而良渚文化晚期开始出现的袋足鬶，在进入龙山之初，由敞口演变为捏流，而且逐渐朝着细高颈方向发展，成为一种很具特征的时代标志和文化因素的标志，在黄淮和长江下游地区都普遍存在。

总之在大洪水到来之前，在良渚古城消失之前，这里的文化面貌已经发生了改变，新时代已经来临了。

洪水来袭

良渚古城在距今 4100 年左右，消失在了一片
汪洋之中。

大禹时代

距今约 4200 年前，一场世界性的灾变改变了许多文明的方向。据近年来国际古气候学家们研究，距今 4200 年被定为晚全新世梅加拉亚期的起点，地质学家们通过对全球各地的洞穴石笋、湖泊沉积、海洋沉积、泥炭、黄土等沉积物的分析研究表明，全球气候在距今 4200 年前出现了持续强烈的变冷变干状态。这场气候突变，导致了尼罗河流域的古埃及、两河流域的苏美尔等文明的崩溃[①]。而此时正值中国的龙山时代，多变干冷的气候，导致社会的动荡和北方民族的南下。表现在长江下游的考古学文化上，则正是钱山漾与广富林文化取代良渚文化的时期。在浙江临平茅山遗址中，我们可以看到良渚时期规范种植的水稻田，在这个时期已经处于没有田埂的荒废状态，农具中大量出现的半月形石刀取代石镰的现象，也似乎反映了从根部收割到

---

① 徐士进、吴卫华：《天人之变——气候变迁与文明兴衰》，江苏凤凰教育出版社，2021 年。

采摘稻穗的农业退化。

随着龙山时代的到来，在文化面貌变化的表象后面，反映了大范围社会的变革。黄河流域中原社会力量不断壮大，最终形成了炎黄集团。而长江下游的良渚文化没能像崧泽时代晚期那样最终取得与北方抗争的胜利。随着代表社会上层的玉器的四散，我们似乎看到了那个曾经辉煌的王国的分崩瓦解。在群龙无首的混乱生活中，在持续干旱的天灾之后，一场持续的洪灾降临了。良渚古城在距今 4100 年左右，消失在了一片汪洋之中。

洪水之后，这里已经不适合人类居住，良渚这片神奇的土地，在洪荒之中一直沉睡了 2000 多年。直到战国时代，才重新有人来到这里，开始了新的繁衍生息。也正是这个原因，才使得良渚这个曾经辉煌的王国从人们的记忆中消失了，而只留下了大禹治水的传说。良渚所在的余杭史称"禹航"，传说大禹治水时曾经在此登岸，如今考古证实了 4000 多年前那场洪水的存在，也许大禹真的曾航行至此。

良渚古城自兴起直至消亡大约经历了 1000 年的时间，洪水之后，这座千年的王城便从人们的记忆中消失了。尽管良渚人创造的玉器一直延续到了后代的历史和文化中，但是史书中却只留下了大禹治水的记忆。

故国一片汪洋中

关于对良渚文化晚期洪水的认识，还要从卞家山遗址的发掘说起。卞家山遗址位于莫角山遗址南面，紧邻新的104国道。1999年调查确认，由于土地早已出让，只好同意在此修建厂房，但需经过考古发掘。发掘由赵晔主持，2002年试掘，2003—2005年经历三次发掘，揭露面积共计2600平方米。清理良渚文化墓葬66座、房址1处、灰坑5个、灰沟3条、木构码头遗迹1处。出土陶、石、玉、骨牙、漆木、竹编等各类文物1400多件。

卞家山遗址的原地貌是一条东西向的台地，台地南北都是水稻田。2002—2003年，通过对台地的解剖发掘，发现这里是良渚文化的居址和墓地。良渚一带的水稻田，一般挖下去30厘米就可以看到浅黄色的粉沙质的沉积层，我们一直认为这是生土层，相似土质的地层，在浙北杭嘉湖平原常常可以见到，当地人称之为"小粉土"。挖得深时有的地方会呈青灰色，质地细腻柔软，当地人形象地称其为"香灰土"。卞家山台地发掘证明是人工堆筑的，要建厂区的土地都已经征用了，所以我要求赵晔从卞家山台地向南面的水稻田范围解剖一条探沟，我想要了解一下人工堆筑的台地与周围的生土之间的叠压与交接的关系。挖下去之后发现，原来这层所谓的生土是压着人工堆筑的台地边缘的，挖到1米多深时发现，这层黄粉土的下面是河塘的青淤泥，里面包含良渚文化晚期的大量陶片等生活堆积。

这一发现与认识着实让我兴奋不已，我们从此知道了这层堆积层形成的年代在良渚文化晚期以后，这为我们认识这一带的古地貌、寻找遗址提供了年代和地层土质上的标识。尽管这是未经扰动过的生土层，但却是良渚之后的生土。我要求赵晔沿着这种洪水沉积层，向外围调查，希望他能够回答我两个问题：一、被洪水层覆盖着的河湖相区域，到底是良渚时期的河道还是池塘？二、卞家山台地北面的水稻田下面，到底有没有河道，还是直接陆地连接到了莫角山高地？

卞家山的发掘取得了很重要的收获，但却一直没能回答我的问题。那时，104国道南面的瓶窑镇工业园区正在建设。虽然当时没能沿着问题追寻下去，但是我们认识了这种黄粉土的洪水层，良渚古城的发现和临平茅山水稻田的发现都和这一认识有关。良渚古城发现后的2010年，我们认识到，原来卞家山遗址就是良渚古城外郭城的南城墙。

我的师兄、复旦大学的高蒙河先生写过一本书《考古不是挖宝》，他说还要写一本《考古就是挖宝》。考古在某种意义上就是挖宝，关键是你要知道什么是宝。

卞家山遗址发掘后，对于洪水层的认识就是我的宝。2006年葡萄畈遗址的古河道发现后，河道堆积的最上层就是这层洪水沉积层，所以2007年我在寻找良渚古城时，洪水沉积层与河相沉积就是判断的标准之一。

在良渚古城发现后十几年的考古中，我们逐渐认识到，在距今4200年左右杭州余杭所在的1000多平方公里的土地上，洪水滔天，浊浪翻滚，以至于在这片土地上普遍留下了1米多厚的洪泛层。我们似乎可以感受到当年那些站在莫角山上和城墙上的期盼的眼睛，往日美丽的田园已经成了汪洋一片。

几个月过去了，几年过去了，一场洪水刚刚退去，新的洪水又席卷而来，最终他们不得不恋恋不舍地离开这块祖祖辈辈生活的土地，离开这座繁华美丽的城市。

茅山的洪泛层

2009—2010 年，在临平的茅山南侧，由于要兴建房地产，调查发现了茅山遗址。由丁品担任领队，在茅山南麓发掘了大面积的从马家浜文化至良渚文化的生活居址和墓地。发掘区南面是大面积现在的水稻田，表土层以下有 1 米多厚的洪水层，洪水层下面是类似于沼泽相的青灰土，这种在洪水层覆盖的情况下，发现水稻田的概率比较高。

多年来我们一直希望找到良渚文化的水稻田。浙江省文物考古研究所研究水稻的郑云飞博士，多年来不放过任何机会，凡是有史前考古发掘，郑博士都会到附近钻探分析。在茅山居住址附近是否会有水稻田呢？

日本考古工作者曾经在火山灰下面发现了古代的水稻田，也只有在像火山爆发这样的突发条件下，古代的生活场景才有可能被完整地保存。如果几千年来人们在同一地面耕种和生活，我们不可能在现在的耕种层下面发现古代的水稻田遗迹。20 世纪

90 年代我就陪同郑云飞博士和他在日本的老师、研究水稻的专家藤原先生到良渚一带寻找水稻田，当时我们设想在靠近北面山口的地方发现水稻田的可能性较高，因为也许在一场洪水层的下面会幸运地保留下良渚人的稻田。但是在多年的寻找中，我们一直未能发现。我认为从茅山南麓向南钻探，如果洪水层下面的沼泽相地面是

图 9-1　广富林地层留下的脚印

比较水平的，那么有水稻田的可能性就比较大，因为我想水稻田在灌溉时如果高低落差大肯定是不行的。郑博士钻探取样分析证明遗址附近是有水稻植硅体分布的。所以我和丁品说从遗址向南开挖一条长探沟寻找稻田遗迹。

丁品和郑云飞博士开挖了一条南北向将近 100 米的长探沟，在约 1.3 米的洪泛层之下，有大约 20 厘米厚的钱山漾和广富林文化时期的黑色文化层，里面包含着陶片和石器，这也为判断洪水层形成的年代提供了更为准确的地层依据。在广富林地层的表面，发现了一排牛脚印和人的脚印（图 9-1），这说明在那场洪

图9-2　茅山遗址良渚文化水稻田及红土田埂

水来临之前，这里曾经有一头牛走过，也有一个人走过，他们在湿地上留下了很深的脚印，接下来大洪水发生了，脚印被洪水的沉积层灌满了，所以才被永远地留在了地上。

挖去20厘米的钱山漾与广富林地层之后，发现了良渚时期大面积的水稻田遗迹（图9-2）。发掘区共发现了9条南北向的田埂小路，宽度在0.6—1.2米之间，揭露最长的田埂长达83米。田埂之间间距，大部分在17—19米不等，最宽的在31米左右。结合考古发掘和钻探的土壤植硅体、植物种子分析结果判断，良渚文化晚期水稻田的范围呈东西狭长的条状分布，东西长700多米，南北宽45—110米不等，总面积约5.5公顷。

追踪洪水的来源

　　对于洪泛层泥沙，我原来一直认为它们来源于苕溪的泛滥。后来与华东师大的戴雪荣先生合作研究，在临平茅山附近的洪水沉积层中（图9-3），发现了海洋生物有孔虫；而且对泥沙颗粒粗细度的分析也表明，靠近临平附近的泥沙颗粒粗，而靠近良渚

图9-3　临平茅山遗址钱山漾与广富林地层上的洪泛层

古城附近的泥沙颗粒细，那么就说明有一部分泥沙来自于钱塘江涌潮。

而良渚古城西面，在瓶窑以西的径山镇潘板一带，以及老余杭南湖一带，在地下也存在很厚的沙层，说明苕溪的泛滥也是存在的。直到今天，每年的雨季，苕溪仍然是杭州抗洪的重点。那么良渚之后的洪水与洪泛层的形成，到底是哪种主要因素引发的呢？我们在与南京大学地球科学院的合作研究中，南京大学徐士进先生的课题组提出了一种研究方案，即通过对洪泛层泥沙的微量元素，来对照分析其来源。于是我们到东苕溪上游的每一个山谷溪流中去采泥沙样本，另外也采取了长江口的泥沙样本，通过实验室与良渚古城周边及茅山遗址等地的洪泛层样本对比分析。最后发现，杭州盆地的洪泛层泥沙，应主要来源于长江口。这表明在前4200—4100年，长江流域暴雨成灾，在灾害天气的同时，钱塘江潮推波助澜，大量的泥沙随着潮水涌入杭州盆地，无法退去，以至于良渚古城所在的这块美丽肥沃的土地，在这场洪水中沉寂了上千年。

在经历了沧海桑田的2000年后，战国时期的人们才重新走进这片荒芜的土地，这里又逐渐繁荣起来。

良渚文明的传承

在良渚之后的几千年里，虽然文化的面貌与载体随着时代的发展而不断变化，但是良渚人的文化与精神渗透在了中华文明的血脉之中。

传播与影响

良渚文化从发现到命名，经过数十年的考古发掘与研究，至20世纪70年代末，不仅确立了良渚文化的基本面貌与内涵，同时在太湖流域也建立起了从马家浜文化、崧泽文化到良渚文化的发展谱系。

在20世纪80年代中期以后，随着江苏草鞋山、张陵山、寺墩，上海福泉山，浙江反山、瑶山等许多高等级墓葬的发现，我们开始对良渚文化有了真正的认识。以琮、璧、钺、冠状饰、三叉形器、锥形器等为代表的高度发达的玉礼器系统，以及神徽所表现出的统一信仰，使研究者们越来越感受到，这一文化的内在凝聚力和政权的统一程度，恐怕已超乎我们的想象。

此外，20世纪80年代，随着红山文化、凌家滩文化和良渚文化等一系列随葬玉器的高等级墓葬的发现，中国考古界掀起了探索中华文明起源和玉器研究的学术热潮。人们逐渐认识到，中华文明起源应该是由"满天星斗"的状态最终融合发展为一个整体，文明的源头不仅仅是黄河流域，更不是中原中心。苏秉琦先生提出了独具中国特色的"古文化、古城、古国"三个阶段的"社会发展理论"，和"古国、方国、帝国"的"国家演进理论"。

2007 年良渚古城遗址的发现以及 2015 年确立的良渚古城外围水利系统，为理解高度发达的玉器和信仰找到了依托。良渚古城与水坝所在的范围超过 100 平方公里，要实施这么大规模的城市规划，和组织完成 1000 多万立方米的巨大工程，都反映了良渚文化已经进入了成熟的国家社会，良渚古城所在地应该是良渚王国的都城。良渚古城作为实证中华 5000 年文明史的圣地，已于 2019 年成为世界文化遗产。

在确立良渚文化内涵的同时，我们对良渚文化的外延也有了更多的认识。自 20 世纪 90 年代以来，大量的考古发现证明，虽然良渚文化的核心区位于太湖流域，但良渚文化的分布区和直接影响区已经远远不止于太湖流域了。

在浙江省，除了原来发现的钱塘江以北的杭嘉湖地区以外，在宁波、舟山、绍兴、丽水、衢州等许多地区也都有良渚文化遗址发现。从考古发掘的奉化茗山后、浦江蚕塘山背、桐庐小青龙、杭州富阳瓦窑里、缙云陇东等遗址看，总体文化面貌与浙北太湖流域地区是一致的。

在江苏，除了以前发现的江苏新沂花厅遗址、句容丁沙地遗址外，近年来又发现了兴化蒋庄遗址、句容孔塘遗址等。与山东省交界的新沂花厅遗址应该是与大汶口文化混融相处的遗址，可以说是良渚文化直接影响的疆界，而兴化蒋庄遗址则是单纯的良渚遗址，因此江苏的考古学家们认为兴化蒋庄是良渚文化真正的北部边界，尤其是蒋庄遗址墓葬中随葬人头和火葬的现象，也都反映了一种边境地区战争的景象。句容孔塘遗址则为我们提供了理解良渚西部边界的线索。如今我们可以说良渚文化的分布范围已经远远超越了太湖流域，遍及浙江全省和江苏长江以北的很大区域。

良渚文化的分布范围代表了其族群和文化共同体的范围，在一定程度上也代表了一个古代王国的疆界。此外，良渚文化晚期，其文化影响和传播的范围则更为广阔。在几千公里之外的广东曲江石峡遗址、英德岩山寨遗址以及封开等地，都出土有良渚文化的玉琮等遗物，这些相距数千里、中间缺乏联环的文化现象，或许是族群迁徙的结果，但从中我们可以看出在那个时代中华大地上的文化与人群的交流范围，为我们理解中华民族共同体的形成过程提供了资料。

另外，在良渚文化中有一种台形和鸟立在高柱上的组合图案，多以一种很隐秘的方式刻划于良渚文化晚期的玉璧上，所以一直以来被认为是良渚文化晚期的一种象征性符号。

1996 年，在浙江桐乡叭喇浜遗址中，发现了良渚文化晚期镂刻于豆把上的这种图案，进一步证明它是良渚文化特有的符号^①。而在浙江遂昌好川墓地和温州老鼠山墓地都发现了与这种图案一样的台形镶嵌玉片及玉锥形器等遗物。值得注意的是，这种台形玉片和玉锥形器也曾在山东莒县陵阳河遗址出土（图10-1）。同时，好川文化也出土了大量与大汶口文化晚期十分相似的陶豆、袋足鬶等遗物。近年来的考古发现证明好川文化的分布范围主要集中于闽北、浙南和赣东地区。

在浙江，除了遂昌好川与温州老鼠山外，还发掘了江山山崖尾、仙居下汤等遗址；福建则发掘了浦城龙头山遗址等。这些文化现象反映了良渚文化晚期到龙山文化阶段良渚文化与其北面的大汶口文化的交融发展。那么这一文化是如何跳过长江下游良渚文化的核心区，而直接在浙南闽北地区发展开来的呢？在好川文化中既有良渚文化因素，又有大汶口文化因素，这种穿插的混融发展有似后世福建、广东地区的客家文化，为我们理解中华文明多元一体的形成过程提供了理解和想象的空间。

与此同时，刻画日、月、山等纹饰的大口缸，更是不仅在山东、江苏、浙江有发现，同时也出土在湖北石家河文化的遗址中。在弧形镶嵌的台形玉片的制作工艺与使用方式上，二者也表现出高度一致。依此也可以看出长江中游地区与东部地区的交融与互动。

---

① 浙江省文物考古研究所：《桐乡叭喇浜遗址发掘》，《沪杭甬高速公路考古报告》，文物出版社，2002年9月。

浙江遂昌好川出土台形玉片及玉锥形器　　　　　　　浙江温州老鼠山出土台形玉片

山东莒县陵阳河出土玉片及玉锥形器

图 10-1　各地出土台形玉片及玉锥形器

继承与发展

　　良渚文化之后，在距今4300年左右，长江下游进入到钱山漾与广富林文化阶段，在陶器组合和面貌上较良渚文化发生了很大的改变，在长江下游和黄淮下游的更大范围里，形成了许多文化的共性，从陶豆、袋足鬶、石犁、石镰、石锛、"V"形石刀等许多器物，可以看出与良渚文化的继承关系。玉琮作为承载良渚文化信仰的礼器也发生了很大的改变，上海广富林遗址出土的玉琮（图10-2），已经没有明显的神徽纹饰，仅有象征性的横线和四面竖槽，玉琮原来作为神灵载体的内涵或许已经不复存在，

或者作为传说隐于新形式的玉琮之中。所以这种玉琮在玉器中仍然受到格外的重视，在良渚之后随着文化交流的频繁与文化交融圈的扩大，被传播到了更远、更多的地区。

图 10-2　上海广富林遗址
出土玉琮

　　在山东五莲丹土遗址，山西襄

汾陶寺遗址、芮城清凉寺遗址、兴县碧村遗址以及陕西延安芦山峁遗址和榆林神木石峁遗址等，都出土了良渚式的玉琮、玉璧等玉器。陶寺遗址还出土了和良渚有关的"V"形石刀等遗物。玉琮大部分应该是从广富林文化时期传播出去，也有少数显然是良渚时期的作品，或许是作为祖先遗物在龙山时代一起被传播出去，也有可能是在良渚时期就已经传播到了远方。大部分玉器从玉料看应该是当地的产物。而陶寺文化、齐家文化等大部分光素无纹的玉琮，显然是继承了良渚文化玉琮外方内圆的造型而发展出来的新时代的玉琮。

延安芦山峁遗址出土的一件玉琮（图 10-3），从造型和玉料看都应该是良渚时期长江下游的产物，而且当年已经打破成为两半，然后被钻孔连接起来，这显然是他们的传家宝。

榆林神木石峁遗址 20 世纪 70 年代出土的一件玉琮（图 10-4）从玉料和形式看也明显是良渚晚期长江下游的产物，而到了石峁之后被分割成片。2012 年石峁古城发现后，果然像老乡传说的那样，在石墙的边缘和缝隙里发现了玉器。可以想见当年从远方来此朝圣的人们，为了将身上的玉器献祭到更多的地方，因此才将它们分割成片留在了那里。从石峁和神木新华等遗址出土的玉器看，不仅有长江下游良渚文化的，同时也有山东龙山文化、湖北石家河文化以及西北齐家文化的，不管他们当年被怎样的传说吸引到这遥远的北方，这些玉器和刻在石头上的神像，让

图 10-3　延安芦山峁遗址出土玉琮

图 10-4　榆林神木石峁古城遗址出土玉琮

我们看到了在 4000 多年前中国广大区域族群间的交融与互动，以及大家对于玉的共同信仰。

在龙山之后，殷墟妇好墓和四川三星堆遗址及成都金沙遗址等商代遗址和墓葬中，出土了大量明显继承良渚文化元素而发展出来的玉琮（图 10-5）。在金沙遗址还出土了一件从加工和玉料看无疑是良渚文化晚期制作的玉琮，显然这是金沙古蜀国的传世之宝，为金沙遗址仿制良渚玉琮找到了渊源。

良渚王国作为一个文化族群，在距今 4300 年左右消失了，但这并不意味着一个文化或者族群的消亡，从整个中华历史看，在中华民族共同体的形成过程中，我们看到的是从多元到一体的继承、融合、吸收与发展。良渚文化在其中曾经起到过重要的作用，良渚文化所创造的琮、璧、钺、璜等玉礼器，最终被纳入到了《周礼》的礼器系统中。

除了玉器之外，良渚文化对于中华

河南安阳殷墟妇好墓 　四川金沙遗址出土仿良渚 　甘肃静宁后柳沟村出土
出土玉琮 　　　　　　　文化玉琮 　　　　　　　玉琮

山西襄汾陶寺遗址出土玉琮 　山东五莲丹土遗址出土 　广东曲江石峡遗址出土
　　　　　　　　　　　　　　玉琮 　　　　　　　　　　玉琮

图 10-5 　继承良渚而来的各式玉琮

文明的贡献还有很多，比如：稻作农业的生产方式、江南水乡的生活方式、环绕中心的城市规划理念，以及漆器红黑相间的审美风格等等，在良渚之后的几千年里，虽然文化的面貌与载体随着时代的发展而不断变化，但是良渚人的文化精神与理念却渗透在了中华文明的血脉之中。

爱玉的中华

从距今 5300—4300 年，经历了 1000 年的良渚文明，融入了历史的长河之中，但是对于玉的崇拜与喜爱，却如同文化的基因渗透到了中华民族的血液中，一直流淌到现在。考古学证明，人类的历史已经历了 300 多万年的发展，在距今 1 万多年以前的整个旧石器时代，一直使用打制石器；直到距今 1 万年左右的时候，人类才开始进入磨光石器的新石器时代，并发明了陶器。中国在新石器时代早期即开始使用玉器，目前发现最早的玉器，距今 9000 多年，出土于黑龙江省饶河流域的小南山遗址。在距今 8000 年左右的辽宁阜新查海遗址、内蒙古赤峰兴隆洼遗址和科尔沁左翼中旗哈民遗址中，都出土了丰富的玉器，主要器型有玉玦、玉锛、玉匕等。在进入新石器时代中期的红山文化、凌家滩文化、崧泽文化、大汶口文化，玉逐渐成为标示身份和祭祀的主要载体。至良渚文化，玉发展到高峰，成为权力与信仰的象征。

纵观人类的物质文化发展史，可以说一大半源于对石头认识的历史。玉是一种特殊的矿物，是岩石中的结晶，由于其美丽、坚韧和稀有等特质，所以自然被赋予了许多灵性的意愿。今天在对考古学认识的基础上，我们可以说，人类对于玉的认识，是在经历了 300 多万年的石器时代之后，对于矿石分类认识上的一大进步。同时从红山、凌家滩和良渚开始，玉的概念，已经不仅包含矿物的属性，而更多的是因为玉和尊贵、权力以及神灵的连接，而被赋予了文化、社会与道德的属性。

19 世纪后期，法国的矿物学家德穆尔将中国的玉按矿物学的概念分为两大类。一类是角闪石类的玉，称为软玉（nephrite）。其矿物学名称为透闪石或阳起石，透闪石是一种含水和氟的钙镁硅酸盐（$Ca_2Mg_5[Si_4O_{11}]_2(OH,F)_2$），其成分中常含有 4% 以下的铁，当铁含量超过 4% 时即过渡为阳起石（$Ca_2(Mg,Fe_2+)_5[Si_4O_{11}]_2(OH,F)_2$）。由于矿物成分中铁、镁等元素含量的不同，而呈现出白、绿、黄、黑等各种不同的颜色。和田玉即是一种高品质软玉，呈脂肪一样的润泽白色，俗称"羊脂白玉"。硬度为 6—6.5 度，比重一般在 3 左右。

另一类是辉闪石类的玉，称为硬玉（jadeite）。硬玉由钠和铝的硅酸盐矿物组成（$NaAl[Si_2O_6]$），纯净者无色或白色。硬玉呈现出翠绿色和红色，主要是由于其含微量的铬和氧化铁等元素所致。由于这种玉的颜色艳丽，如同翡翠鸟的羽毛，所以我们中国人便借用了翡翠鸟的名称，称硬玉为翡翠。红的翡翠称为赤翡翠，绿的翡翠称为苍翡翠。翡翠的硬度为 7 度，比重为 3.33。这两类玉都是具有半透明和闪烁特性的矿物集合体，而且具有交织纤维状的显微结构，所以具有一定的韧性，适合于雕琢造型。

现代考古学把人类历史按物质发展阶段划分为"石器时代""青铜时代"和"铁器时代"，揭示了世界历史发展的共同规律。从物质的表面现象看，这三者之间确实有着很大的区别，可是我们如果单从矿物学角度分析，铜、铁以及更多金属的发现和利用，不都是人类对矿石分类、认识和加工上的进步吗？从此意义上看，无论是对玉石特性的认识，还是有别于石器加工的以解玉砂为介质的线切割、锯切割、管钻以及砣切割等加工方法上的发明，无疑都是人类进步史中的重要环节。

夏商周时代是中国考古学上的青铜时代。由于青铜技术的发明，使社会生产力水平有了很大的提高。在新石器时代中晚期，代表当时先进技术的玉器，主要被用在祭祀和象征权力方面。在进入青铜时代以后，铜器逐渐取代了玉器在祀神和权力象征方面的地位，鼎等青铜礼器成为国家权力的象征。铸铜技术除了用于礼器制造外，还主要用在兵器方面，正如《左传》中所说的"国之大事，在祀与戎"。

这一时期，一方面，玉的主要地位被取代；另一方面，随着新技术的产生，玉器的制作得到了更大的发展，品种和数量进一步丰富，用玉的理念和玉器的功能也被重新规定和系统化。如《周礼》记载："以玉作六器，以礼天地四方。以苍璧礼天，以黄琮礼地，以青圭礼东方，以赤璋礼南方，以白琥礼西方，以玄璜礼北方。"从全国的发现看，这时期的玉器，在文化特征上逐渐走向于一体化。良渚文化系统的琮、璧、钺、璜等被继承和发展，同时又产生了圭、璋、琥、戈等许多新的玉礼器。圭、璋成为这时期具有代表性的器物，在标志身份中有着十分重要的地位，《周礼》上说："王执镇圭，公执桓圭，侯执信圭，伯执躬圭。"

春秋战国时代，是玉器制造的繁荣发展时期。这时期的玉器，种类繁多，雕琢精巧，镂空透雕与细密的满花装饰，成为这时期玉器的特点。动物造型与装饰内容，从以前的形象生动，而转变为神秘抽象。在崇玉风尚方面，更是出现了前所未有的盛况。"和氏之璧"与"随侯之珠"等玉器，被奉为天下之至宝，引起诸侯之间的纷争，以至于墨子、韩非子等许多思想家，出来批评这种重玉之风。在玉的理念上，进一步人格化与道德化，所谓"君子比德于玉"，"君子无故，玉不去身"。佩玉成为道德礼仪的规定。

在历史典籍中，关于用玉和玉的理念的记载，主要见于春秋战国时代。《礼记·玉藻》中记载："古之君子必佩玉……君子无故，玉不去身，君子与玉比德焉。"《荀子·法行》中记载："孔子曰：……夫玉者，君子比德焉。温润而泽，仁也。缜栗而理，知也。坚刚而不屈，义也。廉而不刿，行也。折而不挠，勇也。瑕适并见，情也。扣之，其声清扬而远闻，其止辍然，辞也。故虽有珉之雕雕，不若玉之章章。《诗》曰：'言念君子，温其如玉。'此之谓也。"

成书于东汉的《说文解字》，总结了前人对玉的自然属性与人文属性的认识，将玉字解释为："玉，石之美，有五德：润泽以温，仁之方也；鰓理自外，可以知中，义之方也；其声舒扬，专以远闻，智之方也；不挠而折，勇之方也；锐廉而不忮，絜之方也。"

秦汉时代，国家一统，在文化上更是达到了前所未有的大同状态，考古出土的这一时期的文物反映了日常生活与文化信仰各个方面的规范与统一。从全国玉器的出土情况看，秦汉时代达到了一个新的高潮，玉器的种类以及佩戴与使用方式，沿用春秋战国以来的习俗，但在普及性方面可能不及以前。在体现礼制方面，夏商以前表现为，以敬事神灵为主要内容；自春秋以来，则逐渐趋于生活化与世俗化。社会地位的尊卑高下，日常生活的举止进退，无一不受礼的约束，处处都有礼法的规定。

对玉质本身的信仰方面，秦汉以至南北朝，进一步发展了自上古以来的灵物观念，汉代以玉敛尸的风俗，可谓空前绝后。《周礼》中即有"疏璧、琮以敛尸"的记载，春秋战国时代，一般只见有玉覆面和玉琀，而汉代则发展为以金、银或铜线穿缀的包裹整个身体的"玉衣"。《抱朴子》中说："金玉在九窍，则死人为之不朽。"普通人一般只在口中或手中放玉，《后汉书·礼仪下》称为"饭含珠玉"。在汉六朝时期，玉琀一般做成蝉形，因为蝉有从土中钻出然后蜕变羽化的过程，寄托了人们转世成仙的愿望。手中放置的玉握，一般做成猪形，以象征财富。

隋唐以后，用玉的理念发生了很大改变，玉在礼仪与灵性方面的概念逐渐被淡化，而只作为珍贵、美丽的材质，广受人们的喜爱。除了皇家仍然使用圭、璧等玉礼器之外。一般的玉器制作则走向世俗生活化，以写实的艺术手法表现现实生活和当时的社会思潮。龙、凤、牡丹、缠枝鸳鸯等吉祥图案和"吉庆有余""五子登科""福禄长寿"等固定题材成为玉雕中常见的内容。佛像、观音、罗汉以及文玩等也是唐宋以来玉的常见题材。此外，还形成了如唐代的玉飞天，宋代的龟巢荷叶和玉童子，金元的玉春水和玉秋山等不同时代的代表作品。而金银嵌玉头饰和手镯等，也一直是妇女们的喜爱，玉带则成为自唐以至明代官员等级的标志。

玉器、青铜器和瓷器是中国古代文化的重要代表，尤其玉器，从其产生之初便与人们的审美意识以及精神信仰有着密不可分的关系，因此玉器中凝结了更多的人文与精神内涵。在经历了几千年的发展之后，直到今天，我们中国人仍然对玉有着特别的钟爱和信念。这种信念和喜爱除了缘于玉的质感之外，更多的是来之于我们的文化和用玉传统。

玉器 9000 年的传承发展，为我们了解中华文化万年来的文化脉络，提供了一条美丽的线索。玉代表了我们中华文明的美德，愿我们以之而共勉。

后记

考古前辈们常说"吃不了苦,考不了古",考古人的工作和生活,有时候确实是艰苦的。但是考古也有常人所无法体验的幸福。每一个偶然的相遇,都是一次时空的穿越。当你实实在在与古人一样,站在了5000年前的那一片土地上,当你真实地拿起祖先们曾经用过的物品,当你逐渐能够辨认出2000年前、3000年前、5000年前、1万年前的土层,以及属于那个时空中的一切,你的生命中便有了另外一个世界。随着考古生涯的累积,这个世界也逐渐扩大、真实与鲜活起来,于是你便逐渐有了司马迁所说的"究天人之际,通古今之变"的能力,这时你便常常可以神游八荒之外,此中滋味,确实非考古人所不能知也!

20世纪80年代初学考古时,在全国改革开放的峥嵘岁月里,我们也曾经彷徨与苦闷过，因为觉得在民族振兴、国家发展建设之际，所学不足以报国。当走上工作岗位后，才越来越体会到考古工作的重要性，我们不仅通过考古重建古代史，我们也是在保护和传承中华文化与人类文明。

当良渚文化在我们的手铲下，一天天变得清晰起来；当我们把这样一个新石器时代的史前文化逐渐推向世界文明的舞台，证明我们的祖先也像古埃及一样，在5000年前就已经迈入了国家文明的门槛；当2019年7月6日，良渚古城成为世界遗产时，我们也更加体会到考古工作的意义，体会到在中华历史和文化建设中，在树立"文化自信"中我们考古人的那一份力量。

此时此刻，作为一名考古人，我由衷的感觉幸福和自豪。

良渚古城发现之后，许多师友希望我能将发现与认识良渚古城的心路历程写下来，或有助于考古同仁们在田野考古中的思考。良渚申遗后，我开始动笔，三年来几易其稿，我希望不仅能把发现与认识良渚文化与良渚古城的过程与思考写出来，同时也希望从不同的角度呈现我对良渚的认识。

自2019年末新冠疫情开始，全世界正在经历前所未有的考验与变化，疫情让我们认识到，在大自然面前，看似强大的人类社会，是如此的脆弱与渺小。几千年来，文明的更替与变迁，也一直在人类社会与自然的交互作用下发生着。屹立于长江下游1000年之久的良渚文明消失了，神秘而巍峨的良渚古城最终也

淹没在一片汪洋之中。回望历史，我们应该心生敬畏与珍惜！我
们每一个人也都应该从历史中汲取营养和教训。

　　谨以此书，献给我的老师、朋友和亲人，感谢你们的教育、
帮助和爱，也献给所有为良渚考古和保护而付出努力的人们，是
大家共同的辛勤工作，才使 5000 年的良渚文明重生。

刘斌
2022 年 5 月 25 日于良渚